中国名窑遗址丛书

主编 马骋

龙泉窑

马骋 杨寒桥 著

上海大学出版社

图书在版编目（CIP）数据

龙泉窑/马骋，杨寒桥著.—2版.—上海：上海大学出版社，2022.3
（中国名窑遗址丛书）
ISBN 978-7-5671-4424-8

Ⅰ.①龙… Ⅱ.①马… ②杨… Ⅲ.①龙泉窑—瓷窑遗址—研究 Ⅳ.①K878.54

中国版本图书馆CIP数据核字（2022）第034864号

责任编辑　柯国富
技术编辑　金　鑫　钱宇坤
装帧设计　谷　夫

书　　名　龙泉窑
著　　者　马　骋　杨寒桥
出版发行　上海大学出版社
社　　址　上海市上大路99号
邮政编码　200444
网　　址　http://www.shupress.cn
发行热线　021-66135112
出 版 人　戴骏豪

印　　刷　上海华业装潢印刷厂
经　　销　各地新华书店
开　　本　889mm×1194mm　1/32
印　　张　6
字　　数　120千字
版　　次　2022年3月第2版
印　　次　2022年3月第1次
国际书号　ISBN 978-7-5671-4424-8/K・252
定　　价　65.00元

总 序

马 骋

我国目前面临着自改革开放以来最难以预料的发展困境,越来越多的有识之士发现,经济发展的实际结果与发展的预定目标正在出现相反的趋势。即经济发展的结果造成了自然环境恶化、贫富差距扩大、弱势群体不断增多、腐败现象蔓延、社会公平正义度严重降低。究其原因,是因为这种"旧式现代化"的发展是一种征服自然、控制资源、社会与个人不和谐的产物,使得许多方面陷入了极度紧张和冲突激变的现实境地,这是让社会与自然付出双重代价的现代性。在这种旧式现代性的推动下,丧失的是整个人类的自由和解放的理想前景。因为社会现代化的目标不仅仅是社会财富的积累和科学技术的提高,其最终目标是促使人的自由和解放。为此,学术界提出了"新型现代性"的概念,即那种以人为本、追求社会正义与公平、社会与个人和谐、社会与自然双盛、人和社会双赢的现代性,以此促进经济的可持续发展和社会向新型现代性的转型(参见王洪伟著《传统文化隐喻——禹州神垕钧瓷文化产业现代性转型的社会学研究》)。在这样的背景下,文化产业发展战略逐渐进入主流社会视野,以优秀民族文化资源带动经济发展战略,陶冶人的情操,提升社会文明程度,形成自然与社会和谐相处、追求人的自由和解放,已成为我国经济可持续发展和社会向新型现代性转型的一种具体运行模式。

当代中国社会已进入大众文化时代，大众文化是以技术工业的形式进行的，即将文化艺术变为文化工业，使得以往的文化艺术创造变成了模式化、流水线似的工业生产，在此意义上，文化艺术品与商品的界限被抹平了，大量的平庸文化产品充斥市场，表现为一味追求感官刺激，以瞬间的满足迷惑大众，将以往历史中一切有价值的东西全部消解，缺失了人文精神。因此，以优秀民族文化资源为依托开发当代文化产业，必须以开放的品格吸收文明遗产的人文内涵，借助一切以往艺术创造的成功经验，遵循文化艺术产品的审美规律，努力提升大众文化产品的精神愉悦性。

在国家统计局发布的《文化及其相关产业分类》这一我国文化产业唯一的官方标准中，将"文化保护和文化设施服务"列入"文化产业"，其中明确具体地列出"文物及文化保护"，包括"文物保护服务"和"文化遗产保护服务"。

综观世界各文化遗产保护先进国家，对文化遗产的保护已超越了被动消极的维护，在法律规范下，将文化遗产保护进行市场化运作，在文化遗产和文化产业之间已构成了良性互动。在确保文化遗产安全的前提下，让文化遗产借助于相关产业进入市场，并且带动交通、建筑、餐饮、音像、出版等各行业的发展，同时反过来强化了古物的修复和文化遗产的保护。

在我国诸多优秀文化遗产中，古陶瓷无疑是引人关注的，其中与中国（CHINA）同名的瓷器（china）几乎同四大发明一样，成为中国作为文明古国对世界文化的重大影响乃至对人类的贡献。作为一种优秀的文化资源，中国历代诸多著名古陶瓷品种目前正处于三种运行状态：未产业化、逐渐产业化和已经进入成熟的产业化运行状态。其中有些面临着如何进行产业化运作的问题，有些则面临着如何将陶瓷文化产业进行现代性转型，以提升产品的文化附加值和精神愉悦性，提高文化资本向经济资本转换的身价,在文化遗产和文化产业之间构成良性互动。这无疑让我们把探索研究的目光聚焦古陶瓷产地——中国历代名窑遗址。

法国社会学家皮埃尔·布迪厄(Pierre Bourdieu)认为资本有三种形式,即经济资本、文化资本和社会资本。经济资本是经济学理论认可的资本形态,可以直接转换为金钱;社会资本是关系型资本,也可以转换为经济资本;文化资本则泛指任何与文化及文化活动有关的有形和无形资产,在某种特定的条件下,也可以转换成资本。布迪厄又将"文化资本"分成三种形式:第一,身体化形态,表现为精神和身体的持久性形式,如文化、教育、修养而存在;第二,物化形态,即文学、绘画、纪念碑、书籍、机械等文化产品,是可以直接传递的;第三,制度化形态,即将文化资本的身体化形态以制度予以体现,并将其制度合法化。如通过知识与技能的考核,向文化资本身体化形态的个人发放文凭或资格证书等。同时布迪厄还认为,文化资本可以与经济资本实现转换。

借用布迪厄的"文化资本"理论来探索研究中国历代名窑遗址这一优秀文化遗产所包含的文化资源,我们不难发现其文化资本的三种形态分别为:第一,经过"家传"和师徒相传的方式掌握制作、烧制陶瓷技艺的工匠,即陶瓷文化资本的"身体化形态";第二,历代名窑优秀陶瓷产品及产品工艺特征(具体包括原料与成形、器具与机械、窑具与烧成、胎釉与装饰等等),即文化资本的"物化形态";第三,列入全国重点文物保护名录,具有国家和地方认证、颁发的工艺美术师和工艺美术大师职称荣誉称号评定体系,抑或拥有陶瓷工艺学校乃至大学传授陶瓷技艺的教育,即文化资本的"制度化形态"。

但是作为文化遗产,历代优秀古陶瓷的现代产业开发,除了对传统工艺的发掘、恢复、继承之外,更要提升其产品的文化附加值,促其由文化资本向经济资本转换,除了其历史知名度之外,开掘其文化内涵和阐释其在历史传递中的文化影响力,不仅可以使陶瓷作品的单件价值提升,更重要的是将极大提高优秀古陶瓷在当代文化产业开发、运作中其文化资本向经济资本转换的身价,并提升文化产品的精神愉悦性。

《中国名窑遗址》丛书紧扣文化产业发展战略的时代脉搏,试图通过我国历代著名陶瓷古窑遗址(主要是民窑)的自然环境、各窑场遗存的窑炉遗址、窑具、瓷器、瓷片、烧成工艺等,较系统地还原历代名窑的产品工艺特征以及文化资本的物化形态。同时,通过对历代政治、经济、社会生活、文化形态、审美趣味、文人士大夫的文化品位和雅俗文化的对流等方面的探究,去发现历代著名陶瓷古窑之所以成为一代名窑的人文内涵和文化影响。继而通过对其瓷业经济形态,包括生产规模、流通渠道、对外贸易等方面的考察,从中开掘历代陶瓷名窑在培养文化产业创新人才方面所具有的文化价值和产业价值。这对于探索古陶瓷文化产业的开发、培养文化产业创新人才都有着十分重要的作用。

丛书各卷的研究方法在尽可能汇聚研究成果和文献资料的基础上,对历代名窑窑址进行实地考察,以窑炉、窑具和各窑场发现的瓷片为切入点,系统整理各名窑古瓷产品的器形、釉面装饰、瓷胎、圈足、底款等,从历代名窑名瓷的起点研究产品工艺和烧成工艺;并通过对其形成历史名窑的文化形态、历史和人文环境的研究,阐述研究者对其之所以成为一代名窑及产品的新认知。即试图从微观和宏观的层面上,从历史和现实的纵向联系中去把握研究对象所拥有的文化资本的特质。

是为序。

2011年2月1日于加拿大温哥华"尚古轩"

目 录

- 1 绪论
  - 1 第一节 研究目的与意义
  - 3 第二节 研究现状与方法

- 5 第一章 概况
  - 5 第一节 遗址现状与自然环境
    - 5 一、地理位置与交通
    - 7 二、历史沿革与生态环境
    - 10 三、窑址分布与窑系
  - 16 第二节 历史源流
    - 16 一、中国青瓷源流
    - 20 二、龙泉窑创烧年代及下限
    - 21 三、历代产品烧造状况
    - 32 四、龙泉窑场的性质
  - 35 第三节 产品在中国陶瓷史上的地位及其影响
    - 35 一、龙泉窑在中国陶瓷史上的地位
    - 37 二、龙泉窑与浙江各窑场的关系

| 40 | 三、龙泉窑与北方耀州窑的关系 |

42	**第二章　出土遗物及产品工艺**
42	第一节　产品工艺特征
42	一、成形
44	二、窑具
47	三、烧成
49	第二节　胎釉
49	一、瓷胎
50	二、釉色
54	三、纹饰
59	第三节　造型
59	一、日用品造型
65	二、陈设器造型
68	三、宗教与祭祀器具
71	第四节　装饰工艺
72	一、宋代装饰工艺
73	二、元代装饰工艺
73	三、明代装饰工艺
74	四、清代装饰工艺

75	**第三章　瓷业经济与瓷业社会**
75	第一节　流通渠道与对外贸易
75	一、主要流通渠道
77	二、对外贸易地区
79	第二节　行业社会与技艺传承
79	一、龙泉行业社会形态

- 81　　二、龙泉瓷业的技艺传承

第四章　时代背景与文化影响
- 86
- 86　第一节　社会环境与生活方式
- 89　第二节　审美时尚与人文内涵
- 90　第三节　文化影响与产品认证

第五章　瓷业传承与文化产业开发
- 95
- 95　第一节　历代仿制与辨识
- 95　　一、历代龙泉青瓷的仿制
- 97　　二、当代龙泉青瓷在利益驱动下的商业性仿制
- 98　　三、龙泉青瓷的辨识
- 104　第二节　文化资本与龙泉青瓷文化结构分析
- 104　　一、文化资本理论与文化资本转换
- 107　　二、龙泉青瓷文化结构分析
- 109　第三节　文化产业与传统文化资源的现代转型
- 109　　一、当代龙泉青瓷文化产业与文化资本转换
- 115　　二、龙泉青瓷文化资源的现代转型

- 119　**龙泉窑古瓷器标本图典**

- 174　**主要参考文献**

- 175　**后　记**

绪 论

第一节 研究目的与意义

在中国陶瓷史上，最具世界影响力的产品要数景德镇青花瓷和龙泉青瓷了。目前，龙泉青瓷烧制技艺已被国务院列为第一批国家级非物质文化遗产保护名录。2009年9月30日，在阿布扎比召开的保护非物质文化遗产政府间委员会第四次会议，审议并批准了列入《人类非物质文化遗产代表作名录》的76个项目，其中龙泉青瓷成功入选《人类非物质文化遗产代表作名录》，成为我国陶瓷类第一个申报并成功入选的项目。

据《丽水日报》2011年1月6日报道，目前龙泉市已提出"让青瓷真正迈入全盛时期，超越宋元时期"的目标。为实现这一目标，龙泉市制定了一个详细的发展规划。成立龙泉青瓷产业保护和发展工作领导小组，制定龙泉青瓷文化遗产保护计划，建立健全"非遗"保护项目、传承人、专家数据库及各种资料档案；全面开展龙泉青瓷文化遗存的采撷、挖掘保护和整理工作；深入挖掘龙泉青瓷文化内涵，推进文化基地化、有形化、产业化；以建设国家级青瓷文化生态保护区为重点，把人类"非遗"的桂冠打造成龙泉发展的区域品牌，以更好地传承保护青瓷文化和青瓷技艺,同时也推动龙泉青瓷文化产业的发展。

从优秀传统文化资源中开发当代文化产业,是我国诸多历代名窑当地共同走出的一条带动地方经济社会发展的道路,如景德镇窑、宜兴窑、钧窑、德化窑、淄博窑等等。但从笔者对历代名窑遗址考察和对当地陶瓷产业的调研来看,发现一些陶瓷行业从业者,往往以经济利益为主要驱动力,对中国历代陶瓷文化内涵和文化影响缺乏深刻的理解,对陶瓷文化价值缺少足够的文化认同和文化自觉。在技艺传承方面有时候缺失传承"人类非遗"或传承优秀民族文化遗产的自觉意识,而对各类头衔、职称特别感兴趣,甚至还存在着有些从业者有真才实干但却没有文凭或高级职称,而有些拥有文凭和高级职称的人却并没有掌握真才实技的情况。同时,在产品的制作方面继承传统多于艺术创新,仿制多于开发。

以优秀陶瓷文化资源带动地方经济发展战略,同时推动社会发展,并以陶瓷文化内涵提升人们的精神境界,已成为我国经济可持续发展和社会向新型现代性转型的一种具体运行模式。龙泉青瓷作为中国瓷业史上的著名瓷品,从20世纪50年代恢复发展至今,已成为当地较成熟的文化产业,不仅较好地继承了龙泉青瓷烧制技艺,并形成了一支较为庞大的传承人队伍。但如何深入挖掘龙泉青瓷文化内涵,从而推进文化基地化、有形化、产业化,"让青瓷真正迈入全盛时期",不仅是全面开展龙泉青瓷文化遗存的采撷、挖掘保护和整理工作,还得从遗址的时代背景,瓷业经济与社会、文化形态和审美趣味等各方面,去发现龙泉窑作为一代名窑的人文内涵和文化影响,这不仅对于认识龙泉青瓷的文化品质,增强从业人员的文化认同感有着重要的作用;同时,运用法国社会学家布迪厄的文化资本理论,去研究龙泉青瓷文化产业,提升其文化资本向经济资本转换的身价,促进龙泉青瓷文化资源的现代转型都具有重要的价值,并为推动龙泉青瓷文化产业的发展提供学术支撑。同样,这对于帮助热爱中国陶瓷文化的人们认识龙泉青瓷的文化品质,传承中华民族优秀传统文化,强化文化归属感也有着十分重要的意义。

第二节 研究现状与方法

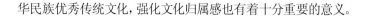

有关龙泉青瓷的研究专著,最初出现于民国时期。其优秀之作有:陈万里的《青瓷之调查与研究》、《越器图录》(1937年中华书局出版)、《瓷器与浙江》(1946年中华书局出版);陈佐汉的《古欢室青瓷研究浅说》、《古龙泉窑宝物图录》(未出版);徐渊若的《哥窑与弟窑》(香港百通出版社2001年出版);另有邑人蔡世钦的《哥窑赋》、柳兆元的《瑞士罗教师古瓷影片集序》都是民国时期关于龙泉青瓷研究之佳作。

20世纪30年代,著名学者陈万里先生曾先后8次到龙泉、丽水等地进行调查。其所著的《瓷器与浙江》是中国第一部田野考察报告,被誉为中国考古从传统的"书斋考古"走向科学的"田野考古"的里程碑,书中的许多论证已为现代考古发掘所证实。

中华人民共和国成立后,浙江等地的文物考古部门又对各地的窑址进行了多次调查,1959年对丽水吕步坑、保定窑址进行发掘。1959~1964年又对龙泉大窑、金村两地窑址进行发掘。1979~1983年,中国社会科学院考古研究所、中国历史博物馆、北京故宫博物院、上海博物馆、浙江省博物馆和浙江省文物考古研究所等单位分别对龙泉东部的上严儿、山头窑、大白岸、笔架山、项户、安福、张畈岭脚、入窑湾、狮子岩、源口和云和县的水碓坑、梓坊、赤石等窑址进行了大规模的发掘,发现了宋元明时期的窑炉、作坊及居住遗迹,出土大量瓷器、瓷片和窑具标本等,为研究龙泉窑的历史取得了大量的实物资料。

随着改革开放以后我国收藏热的不断升温,介绍、研究龙泉窑的著述不断涌现。近年来,由于龙泉"官窑"成为龙泉窑研究的新热点,又出现了一批龙泉"官窑"的调查与著述。研究者中既有文博系统专业人士,也有民间收藏爱好者,他们在孜孜不倦的研究和追寻中,传承着龙泉青瓷的文脉,延续着龙泉青瓷文化。

总体而言,龙泉窑研究成果虽然颇丰,但研究内容主要围绕龙泉青瓷传统技艺、窑场性质和青瓷文化等,即青瓷窑场、工艺、文化本身的研究,而对龙泉瓷业社会、经济运作方式、行业文化和文化产业的研究则相对比较欠缺。虽然目前这类研究正在中国古代陶瓷研究中逐渐展开,但仅见端倪,只有对景德镇瓷业社会、行业文化、经济运作方式等的研究,国内外学者做了比较多的工作;钧窑文化产业研究近年来也已取得初步成果,但龙泉窑在这方面的研究还处于起步阶段。

产地研究是古陶瓷科学研究的重要内容,本书通过对龙泉窑遗址的自然环境、窑场、窑具、工艺、技艺传承、产品瓷片、行业形态、贸易流通等的考察,较系统地还原龙泉窑作为一代名窑之所以获得成功的产品工艺特征、瓷业社会和瓷业经济运作方式。同时,通过对其历代政治、经济、社会生活、文化形态和审美趣味等方面,去发现龙泉窑作为一代名窑的人文内涵和文化影响,继而对龙泉青瓷文化产业和现代转型进行探索。

本书对龙泉青瓷文化产业的研究方法,借用法国社会学家布迪厄的文化资本理论,对龙泉青瓷文化结构进行分析,探索龙泉青瓷文化资本向经济资本转换和文化产业的现代转型。这在龙泉窑研究中还是一种新的尝试。

最后要说明的是,尽管有不少文献记载龙泉地区也是哥窑的窑场,有些研究甚至将龙泉窑(弟窑)和哥窑一并进行,龙泉当地发展青瓷文化产业也是"哥"、"弟"同步。但由于迄今哥窑遗址尚未发现,本研究又侧重于陶瓷产地、遗址研究,因此不涉及哥窑,仅在引用有关龙泉窑历代文献时,凡涉及到哥窑之处照录而已。

第一章 概 况

第一节 遗址现状与自然环境

一、地理位置与交通

中国古代的龙泉青瓷窑址主要分布于今浙江省丽水地区及其周围的武义、永嘉、文成、泰顺等县,其中以龙泉市境内的窑址最为密集,目前已发现有300余处(图1-1)。

历史文献中关于龙泉窑的地理位置有多处记载,明嘉靖辛酉(1561)印行的《浙江通志》记载:"龙泉县南七十里曰琉华山……山

图1-1　大窑龙泉窑遗址方位图(据《中国文物旅游图集》

图1-2-1　龙泉大窑景色如画

图1-2-2　著名画家陶冷月所作水山画

下琉田，居民多以陶为业。相传旧有章生一、生二兄弟二人，未详何时人，主琉田窑造青瓷，粹美冠绝当世，兄曰哥窑，弟曰生二窑……"①

《七修类稿续编》："哥窑与龙泉窑皆出处州龙泉县。南宋时，有章生一、生二兄弟各主一窑。生一所陶者为哥窑，以兄故也；生二所陶者为龙泉，以地名也。其色皆青，浓淡不一；其足皆铁色，亦浓淡不一。"②

清朱琰著《陶说》："本龙泉琉田窑，处州人章生一、生二兄弟于龙泉之窑，各主其一，生一以兄故，其所陶者为哥窑……弟仍龙泉之旧，曰龙泉窑。"③

明宋应星著《天工开物》："浙省处州丽水、龙泉两邑，烧造过釉杯碗，青黑如漆，名曰处窑。"④

龙泉市位于浙江省西南部，西南面接壤福建省。境内群山耸峙，溪流纵横，风光秀美，生态环境良好（图1-2-1、图1-2-2），并蕴含着丰富的瓷土资源。加之山高林密，烧窑的燃料十分充足。龙泉溪从西南向东北贯穿中部，群山平行于河谷对称分布。同时又是瓯江的发源地和乌溪江、闽江的支流，水运畅通，烧制成的龙泉青瓷通过水运可以直抵温州港口。龙泉窑的主要窑场大多在龙泉溪两岸，窑址有大窑、金村、溪口、松溪等多处（图1-3、图1-4、图1-5）。

二、历史沿革与生态环境

龙泉市在东晋太宁元年（323），属永嘉郡松阳县，建置龙渊乡。唐武德三年（620），因避高祖李渊讳，改龙渊乡为龙泉乡。唐乾元二年（759），建立龙泉县，县治地黄鹤镇（今龙渊镇）。宋徽宗宣和三年（1121），诏天下县镇凡有龙字者皆避，因改名为剑川县。宋绍兴元年（1131），复名龙泉县。龙泉自宋代以来隶属处州府治，因而龙泉青瓷亦有"处瓷"之称。明洪武三年（1370），庆元县并入，洪武十三年十一月复置庆元县。

1949年5月13日龙泉解放。1958年11月，庆元县并入。1973年7月，复

图1-3 大窑龙泉窑遗址

图1-4　大窑龙泉窑遗址溪口片

图1-5　大窑龙泉窑遗址溪口片保护范围

建庆元县，至1975年8月，龙、庆二县始分署办公。1990年12月26日，经国务院批准，撤销龙泉县设立龙泉市（县级），仍属丽水地区行政公署。

中国历史上创建瓷窑，都必须具有水源、瓷土、釉料、燃料和运输等条件。龙泉地区位于浙南山区，不仅有取之不竭的薪柴为烧制陶瓷提供燃料，又有丰富的瓷土釉料为制瓷提供原料。并且还有制瓷业所需的充足的水源，又为瓷器的外运提供了便利的水上交通条件。另外，龙泉地区位置偏远，免受战乱，也为龙泉窑的长期发展提供了安定的社会环境。这些优越的生态环境和社会条件，都为龙泉窑创造了良好的烧制环境（图1-6、图1-7）。

图1-6　龙泉窑遗址自然环境十分优越

三、窑址分布与窑系

龙泉窑址遍布于龙泉县的大窑（图1-8、图1-9、图1-10、图1-11）、金村、溪口（图1-12、图1-13、图1-14）、大白岸、小白岸、王湖、安仁口、周垟、王庄、梧桐口、笔架山、项户、道泰、山头窑、松溪、马垃力、安福口、安仁口、大方、大棋、下村、武溪等三百余处外，还有云和县的赤石埠，遂昌县的湖山镇。其中规模最大、产量最丰、质量最精者，当属大窑和金村。单是大窑一地，就发现北宋窑址23处，金村也有16处。除浙江境内多处窑址外，另外还有江西、福建两省的多处窑址也仿烧龙泉青

图1-7 龙泉青瓷将大自然的颜色融化进了青瓷的釉色中

瓷,形成了一个庞大的龙泉窑系。

近代关于龙泉窑址的发现,民国时期的龙泉县县长徐渊若在其所著的《哥窑与弟窑》⑤一书中,有着比较详细的记载。

清代晚期,龙泉大窑遗址早已淹没在农田之下,或者因窑场已恢复

图1-8 大窑龙泉窑遗址龙窑窑基

图1-9 大窑龙泉窑遗址窑具

图1-10 大窑龙泉窑遗址堆积层

图1-11 大窑龙泉窑遗址中烧废的青瓷碗

山陵的原来面貌而不复存在。当时龙泉县纵横阡陌、凄迷蔓草,没有一点窑址的迹象。当地只有少数读书人知道一点龙泉曾经有过烧制瓷器的历史,至于窑场在什么地方,所烧制的瓷器又是什么样子的都一概不知。

图1-12 龙泉窑溪口片遗址

　　大约在清光绪二十八年（1902），龙泉县小梅镇人吴井兰和县城的廖献忠等人，到大窑村发动村民采掘一种被称为"钢筋炉"的瓷器，并终于在叶坞底掘出，由吴井兰买走，当地的村民才知道地下原来有如此贵重的古物。于是在村内及山地继续挖掘，挖出古瓷器多种，并挖掘出

图1-13 大窑龙泉窑遗址溪口片堆积层

图1-14 大窑龙泉窑溪口片窑址所产南宋青釉鸡心碗

古庙一座。

光绪三十年（1904），在上海经营古玩的日本商人天野静之来到大窑收购瓷器，随后日本商人陆续来大窑求购。

民国初年，当地开垦墓园时发现古瓷器，于是有许多人到处寻掘古墓，发掘出各种款式的龙泉古瓷。随后江苏松江的胡协记，上海的周黄生，江西的沈翰屏，福州的方振远，宁波的周奎龄、葛文慰，永嘉的王绍埭等客商，闻讯相继前往龙泉收购瓷器，使得掘地挖墓者更多。民国十六年（1927），美国人洪罗道到龙泉收购瓷器，并到发掘出古瓷的地方勘察，将各类瓷器摄影留念。之后德国人、法国人、日本人相继前来龙泉，法国人还专门收集瓷片，成箱运往法国。

人们开始发现，在大窑周围五华里之内，凡较低山麓，似多有窑址散布。大窑村自宋至明，村民从事窑业者相继不绝，窑址应当在数百以上。这个时候，凡显著的窑址均被村民发掘殆尽。

20世纪50年代以后，浙江省文管会等以大窑为重点，对龙泉窑古窑址进行了多次调查与发掘。70年代后期，为配合当地的水库工程，又在龙泉县进行了比较广泛的发掘，清理了一批宋代窑炉、房基、瓷片等。⑥

第二节 历史源流

一、中国青瓷源流

中国青瓷的发源地是浙江省，东汉末年，浙江越窑率先烧制成功青瓷（图1-15），也是中国瓷器由陶器、原始瓷器向瓷器发展的分水岭。到了唐代，著名的青瓷瓷窑有越窑、婺州窑、瓯窑、德清窑；进入宋代以后，青瓷有了新的发展，全国有代表性的青瓷出自龙泉窑、耀州窑和汝窑、南宋官窑和哥窑。

在早期众多的青瓷窑址中，以越窑发展最快，其窑场数量多、分布广，产品质量高，影响波及周边地区。"越窑"的名称来源于唐代，是浙

图1-15 西晋 越窑谷仓

江东北一带以余姚上林湖为中心出产青瓷的窑场总称,其中最有代表性的是上林湖窑址。

越窑青瓷是用龙窑烧成的,"瓷石"是绢云母和石英等的混合物,相当于高岭土、长石和石英的混合矿物质,所含的有机物质少,粘性和吸附性较小,且杂有水云母系矿物,含铁量较高(0.5%～3%)。青瓷所用的石灰釉具有光泽好、透明度高、硬度大等优点,这种熔度小、黏性小的釉料在龙窑的还原焰中能烧得像玻璃一样透明,可以使坯体上刻划的图案花纹或浮雕形象清晰地浮现出来。越窑青瓷都是在1200℃以上、甚至1300℃的高温下烧成的,从胎质和釉色看,早期越窑青瓷的胎质细腻呈灰白色,烧结坚硬,不吸水。瓷胎外普遍施青釉,釉层均匀。

越窑青瓷有一部分品质精良的产品还是为宫廷特制的"贡品"。为此当时很多诗人都创作过歌颂越窑瓷器的诗篇,唐代的陆龟蒙曾留下称赞越窑青瓷的著名诗句:"九秋风露越窑开,夺得千峰翠色来。"

婺州窑位于今浙江中部的金华地区,窑址的分布范围很广。经考古发掘,共发现古窑遗址六百余处。

婺州窑青瓷的胎釉,早期断面比较粗糙,瓷土处理不细,而且没有完全烧结,玻化程度较差,釉层厚薄不匀,一般呈淡青色,也有呈青灰或青中泛黄的,裂纹密布,在胎釉结合不紧密处或釉面开裂处,往往有奶黄色的结晶体析出,这是一种婺州窑青瓷固有的现象。中期产品因黏土中氧化铁和氧化钛的含量都较高,烧成后胎呈深紫色,影响了青釉的呈色,于是当地的陶工就在胎的外表敷上了一层质地细腻的白色化妆土以掩盖胎色。由于胎外有化妆土衬托,看起来釉层滋润柔和,釉色在青灰或青黄色中泛一点褐色,但釉面开裂和析晶的情况较用瓷土做胎的瓷器更为严重。晚期婺州窑在品种和造型方面创造了许多更能表现出瓷器胎薄釉色晶莹特征的新器型,并在装饰手法上有所创新。

瓯窑分布在浙江温州市郊外西山一带,大多数窑址都集中在瓯江、飞云江和楠溪江两岸。早在汉代,瓯江北岸的永嘉就已生产原始瓷器,到了东汉末年更进一步烧成青瓷。瓯窑瓷胎呈色较白,白中略带灰色,釉色淡青,透明度较高,色泽很美,也被称为"缥瓷"。

德清窑古窑址在浙江德清县境内,有几十处之多,是浙江地区最早的黑瓷产地之一,所烧黑瓷和青瓷简单朴素,大方端正,造型风格与婺州窑、越窑相似。德清窑的青瓷普遍在胎外上化妆土,釉色一般呈豆青、青绿或青黄色,釉色比较深,具有较好的光泽,装饰十分简单,通常是在器物的口沿和肩腹部画几道弦纹,或在青瓷上饰几点褐色点彩。

到了宋代,浙江最有代表性的青瓷当数龙泉窑,其继承越窑传统烧造青瓷,至南宋(1127-1279)而鼎盛。

在北方,烧制青瓷的民窑最有影响的当数耀州窑,耀州窑始烧于唐

图1-16 宋代 耀州窑青瓷刻花纹碗

代,在五代末至宋代初,受越窑的影响开始创烧刻花青瓷(图1-16),是宋代北方著名瓷窑之一,也是北方著名青瓷产地。窑址在今陕西省铜川市黄堡镇漆水西岸,古属耀州。

在宋代瓷器中,列属五大名窑的官窑、汝窑和哥窑都属青瓷,但却有不同的呈色,汝窑的呈色多为天青色、香灰色;官窑和哥窑的颜色较接近,釉色有粉青、月白、油灰、青黄等。

宋代以后,中国青瓷仍然在不断发展。元代以后,中国的陶瓷艺术有了世俗化、市民化的趋势,开始由素雅转向繁丽,社会审美趣味倾向于丰富多彩又有故事画面的彩瓷。

二、龙泉窑创烧年代及下限

关于龙泉窑的创烧年代,目前主要有三种说法,即"三国两晋说"、"五代说"和"北宋说"。

1. 三国两晋说

"三国两晋说"的主要创立者是朱伯谦先生。他根据长期的考古实践和积聚的资料,认为龙泉窑的开创年代始于三国两晋,终于清代,烧制时间长达1600年,是我国历史上持续烧制时间最长的古瓷窑。

2. 五代说

"五代说"则以我国著名的古陶瓷专家陈万里先生和古陶瓷美术教育家邓白先生为代表。此说主要根据考古资料和出土实物,以及相邻地区的五代婺州窑开始衰落,龙泉青瓷取而代之的观点而立。

他们认为,龙泉青瓷是在五代、北宋初年受越窑影响而发展起来的民窑。早期的龙泉青瓷产品无论在造型、纹饰或者釉质釉色方面,都与越窑一脉相承,继承了越窑的艺术传统。初创阶段的龙泉青瓷,主要是继承瓯窑、越窑等浙江原有青瓷的传统,还没有形成自己的艺术风格。

3. 北宋说

"北宋说"曾是陶瓷专家学者包括冯先铭先生等比较认同的观

点,中国硅酸盐学会所编《中国陶瓷史》也认为"龙泉窑创烧于北宋早期"。综合这一观点的主要依据是:

(1) 史料记载,宋庄季裕的《鸡肋篇》记载:"处州龙泉县……又出青瓷器,谓之秘色,钱氏所贡盖取于此。宣和中,禁庭制样须索,益加工巧"。

南宋宁宗开禧二年(1206)赵彦卫所著的《云丽漫钞》记载:"专甇器,皆云出自李王,号秘色,又曰出钱王。今处之龙溪出者色粉专,越乃艾色……"

南宋叶寘《坛斋笔衡》记载:"江南则处州龙泉县窑,质颇粗厚。"

关于龙泉青瓷记载的历史文献还有《处州府志》、《龙泉县志》、《遵生八笺》、《格古要论》、《陶说》、《景德镇陶录》、《饮流斋说瓷》、《菽园杂记》等,都有较高的参考价值。

(2) 越窑的衰落和停烧使龙泉窑崛起。发端于浙江余姚地区的越窑,是我国开创最早的著名青瓷古窑。据史料记载,越窑于东汉时期即开始烧制青瓷,至唐末五代时期成为江南首屈一指的青瓷贡窑。随着北宋王朝的建立和吴越钱氏王朝降宋,曾雄踞青瓷首窑的越窑开始走向衰落,其产品质量不断下降,维持到南宋初期终于停烧。越窑的衰落为龙泉窑的兴起创造了千载难逢的历史机遇,龙泉窑迅速崛起,取而代之。

(3) 北宋时期龙泉青瓷形成了特有的体系,使人们对其始烧年代的认定有了公认的标准和依据。

综观以上三种说法,结合龙泉窑址不断出土的瓷器标本来看,目前比较一致的看法是,龙泉窑创烧于五代,盛于南宋和元,衰于明,终于清代道光年间。

三、历代产品烧造状况

1.五代时期

五代时期是龙泉窑初创时期,在吸取越窑、婺州窑和瓯窑的先进工艺技术的基础上,生产的器物主要有碗、杯、盏、盘口壶、罐、瓶、盏、钵、盆、灯盏、砚、纺轮等。胎土淘洗较细,胎色有灰白、灰黑、灰褐等色。釉色以青黄、青褐为主,少量烧制黑釉器,部分器物口沿处加施酱褐点彩。窑具有筒状垫座、喇叭形垫具和托珠等。装饰采用堆塑、刻划和切削等方法。有水波纹、弦纹、莲瓣纹、波浪纹、条纹、凹棱纹、冰裂纹。器物底足制作工艺多样,有饼底、玉璧底、内凹底、圈足、假圈足(卧足)、撇足、长方底足。多数器物外底有泥点痕迹,露胎部位呈灰白、灰红、紫红、紫褐、灰褐、淡灰等色。有的器物口沿和底周留有乳白色泥点痕。

2. 北宋时期

北宋早期是龙泉青瓷由初创期进入成长期的转折点,是龙泉窑自成一体的关键时期。从考古资料看,这时的龙泉窑主要集中在龙泉市金村和庆元县上垟两县市交界处的溪流两旁的土坡上,生产淡青釉瓷器(图1-17),瓷器的风格与瓯窑相似,显然是受瓯窑的影响,瓷器质量比较好。由于制瓷技术尚不成熟,瓷土淘洗不纯,质地较细腻有气孔,烧成温度不高,成品率低。胎壁薄而硬,胎色灰白。造型较少,基本都是碗、盘、罐、坛、壶等生活日用器,也有一些花盆、多管瓶等造型。釉为石灰釉,釉质透明,釉层很薄,普遍施一道釉,釉色淡青,釉下开片细碎透明,釉面光亮,玻璃感较强。装饰方法单一,主要采用刻划花纹的形式,大量采用篦纹,纹饰题材和图案也很简单。

3. 南宋时期

南宋时期龙泉青瓷形成了自己的独特风格。这一时期,龙泉窑出现了一种碧玉般的厚釉瓷(图1-18),这种厚釉瓷分黑胎和白胎两类。到了南宋末期,龙泉窑进入鼎盛时期,粉青和梅子青的烧制成功,巧夺天工,在我国瓷器史上留下了光辉的一页。粉青、梅子青是目前公认的青瓷釉色的巅峰,它不仅意味着龙泉窑制瓷技术水平的提高,其本身也包

图1-17　北宋　青釉多管瓶

含了更丰富的审美意蕴。

　　南宋时期龙泉青瓷工艺上的主要变化是薄胎厚釉。其装饰手法也随着改变,一是以印、贴、堆的方法代替刻、划方法。前期常用的刻、划

图1-18 南宋 龙泉窑青釉蟠龙瓶（残）

花手法，由于薄胎不易操作，加之刻出的纹样在厚釉下且不易显露，最佳的方法则是由凹变凸，即在胎骨上增加厚度不损伤胚体，一般来说采用模具印纹饰和贴纹饰的方法。凸出的纹样施釉后，釉在高温烧成时产生流动，这样纹样的凸起部分显得清清楚楚。

4.元代时期

元代早期和中期是龙泉青瓷持续发展时期。这一时期龙泉青瓷基本上继承了南宋晚期龙泉青瓷的水准和风格，又发扬光大，并形成了自己的特点（图1-19）。

元代龙泉青瓷的窑场数量和分布范围都超过了南宋时期，居历代之首。青瓷的品种和式样不断创新，突破了宋代龙泉青瓷注重形制的古朴、简约和釉装饰为主的模式，更加注重器物的装饰性、实用性，推出了许多形制巨大的海碗、大盘、大瓶和大罐。同时还采用了纷繁复杂的刻划纹饰和刻划、模印、堆贴、露胎、捏塑、镂雕等多种方法并用的装饰工艺，使龙泉瓷器的装饰性更强。

至元代晚期，龙泉青瓷的制作工艺水平有所下降，胎土淘洗渐粗，质地不如南宋晚期

图1-19　元代　龙泉窑青釉加褐彩环耳瓶

致密，胎中含铁等杂质增加，气孔较多。修胎不细，窑缝、加扁、开裂、串烟等窑病较多。釉质不如南宋晚期和元代早中期的玉质感强，透明度增高，开片细碎。釉色不如南宋的青翠和粉润，多数青中泛黄，梅子青釉和粉青釉的产品极少。釉层减薄，施釉不匀，缩釉、漏釉和流釉的缺陷普遍存在。陈设器、祭器和礼器等高档产品明显减少，基本都是大路的民用生活用器。从传世和出土的实物看，元代龙泉青瓷器物的造型不及宋代优美雅致，以大取胜，精巧不足。由于形体过大，器物胎体一般都很笨重。

5.明代时期

明代早中期龙泉窑继承元代的制瓷工艺，产量较大，不乏精品。明代洪武、永乐、宣德到成化、弘治年间，曾生产过质量很高的贡瓷，在制瓷业中仍占有重要地位（图1-20）。

据《大明会典》记载，明洪武二十六年（1393），明朝宫廷用的少量器皿"行移饶、处等府烧制"。

《明宪宗实录》记载，天顺八年{1464}正月，宪宗皇帝即位，"上即帝位，……以明年为成化元年……，一江西饶州府、浙江处州府，见差

图1-20 明代 龙泉窑青釉鼓钉香炉

内官在彼烧制瓷器，诏书到日，除已烧完者，照数起解，未完者，悉皆停止，差委官员即使回京，违者罪之"（引自中华收藏网）。

由此可见，在明代天顺八年之前，明王朝曾多次派内官前往处州府监烧龙泉青瓷，供宫廷使用。明成化、弘治以后，龙泉青瓷每况愈下，岌岌可危，产量减少，粗糙厚重，质量不高。《景德镇陶录》记载："龙泉窑明初移处州府，色青土垩，渐不及前。"清乾隆二十七年《龙泉县志》记载："青瓷窑：一都琉田，瓷窑昔属建川，自析乡立，庆元县窑地遂属庆元……明正统时，顾仕成所制者已不及生二章远甚，化治以后，质粗色恶，难充雅玩矣。"

随着景德镇青花瓷、彩瓷的产量和质量不断提高并深受欢迎，宫廷和官府的需求不断增加。由于贡瓷越来越少，明代龙泉青瓷便转向以生产民用生活用瓷为主，从造型、工艺、装饰技法等方面比元代更加大众化，粗制滥造的产品渐多，高档精品渐少。

6. 清代时期

清代龙泉窑只有地处龙泉查田镇西南七公里的孙坑和大窑等几处窑场，生产少量青瓷（图1-21）。现藏于英国伦敦大英博物馆的青瓷瓶是有文字记载的最晚的龙泉青瓷产品，上有"处州府龙泉县……道光二十四年"等字样，大致说明了龙泉窑的终烧年代。

7. 民国时期

由于民国初期收罗古瓷成风，虽然龙泉青瓷的规模生产已经停止，但个体作坊烧制乱真的仿古瓷器仍然存在。其技艺越过明清产品的风格特点，直接模仿宋元风格。

徐渊若在其所著的《哥窑与弟窑》中写到，龙泉当地人廖献忠是第一位试图制作仿古瓷的人，他的产品几可乱真。另外龙泉西乡宝溪乡溪头村的陈佐汉、李君义等也在民国初期建了两座炉窑，原先只是烧制一些日用瓷器，后来也相继仿制大窑出土的古瓷，如炉、瓶、盆、缸、盒等。釉色有粉青、天青、葱绿等。但梅子青、白湖、片纹、鱼子纹等不易仿造，尤其胎骨太厚，间有跳釉不匀，更有泥土中夹杂着黑点，而底脚处呈现出紫色，与真品比较，难以望其项背。此外，当时的仿古高手还

图1-21　清代　龙泉窑青釉花觚

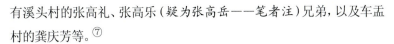

有溪头村的张高礼、张高乐（疑为张高岳——笔者注）兄弟，以及车盂村的龚庆芳等。⑦

在徐若渊提及的这些人当中，最重要的人物当属陈佐汉。现为浙江省丽水市龙泉青瓷博物馆研究馆员钟琦，曾在田野考察中访问了陈佐汉的长女、现年83岁的陈巧云，次女、现年77岁的陈巧霞和曾在陈佐汉家中帮工的金登兴（男，现年77岁），以了解了陈佐汉其人其事。

1934年，曾担任过宝溪乡乡长的陈佐汉，聚集起当时制瓷行业中具有较高技艺的艺人组成"仿古青瓷研制小组"，在其"古欢室"中进行研制。同时到大窑等处挖掘青瓷瓷片标本，反复试制，终于烧制出接近古瓷的青瓷作品运往上海销售。徐渊若在写作《哥窑与弟窑》一书时，陈佐汉曾提供给他大量的资料。1943年9月，陈佐汉等人针对当时多数守旧瓷窑业主不思进取之现状，为首发起成立龙泉县八都区瓷业改进研究会。1945年10月，陈佐汉将牡丹瓶、凤耳瓶等70多件仿古青瓷赠送省政府转呈南京政府实业部，并盼望得到政府对恢复龙泉青瓷生产的大力支持，却意外受到蒋介石"艺精陶坊"（一作"艺精陶祗"——笔者注）题词的表扬。

钟琦还访问了同样被徐若渊提到的张高礼的儿子、现年75岁的张照辉。了解到张家在民国时期研制青瓷先搭烧于别人的龙窑里，花钱买窑位。民国后期，张照辉的祖父带着自己的两个儿子张高礼、张高岳筑窑办厂，号"张义昌"，主烧青花碗，搭烧仿古青瓷，一直到1948年才停烧。

据龙泉民国档案（民国33年10月14日建字第153号）记载："案据本乡住民龚庆芳等于10月11日呈称：窃查龙泉南乡昔有琉田市，为宋代青瓷出产所在地，其品质细、胎薄、釉色纯粹如玉无瑕疵，在斯时供给内府用具、文庙祭器及殉葬品，盛极一时。尤其行销国外，均以美玉相称，偶得壹器，价重万金，鉴赏家视为稀世珍宝。但其文化艺术失传久矣。然元明之际，虽有仿制，已远逊莫及。迨后乏贤继美，逐成绝艺。民等潜心孤诣从事研究，积数十年经验心得，始获效果，而出品之精粹已追步当年，媲美章生，然非敢自诩。曾蒙西湖博物展览会发给甲等奖状，足资证实"。从中可以看到，徐渊若在其所著的《哥窑与弟窑》中提到的龚庆芳，所制龙泉青瓷显然技艺出众，不仅"追步当年，媲美章生"，而且"曾蒙西湖博物展览会发给甲等奖状"。足见龚家青瓷质量之精。陈佐汉赠送省政府转呈南京政府实业部的70件青瓷中的50件，也是从龚家拿去的。

关于廖献忠其人，1994年版的《龙泉县志》中也提到："清末民初……一批民间制瓷艺人开始研制仿造古青瓷。时有县城廖献忠，宝溪乡陈佐汉、张高礼、李君义等。"廖献忠为龙泉城镇西街人，晚清秀才，因足跛入仕无望，乃改研龙泉青瓷，取大窑村古窑址残片，苦心琢磨，反复配方试制，终获成功，为民国初制作仿宋青瓷之鼻祖。⑧

8. 解放以后

1957年，在南京召开的全国轻工业厅厅长会议上，周恩来总理指出："要恢复五大历史名窑，首先要恢复龙泉窑。"遵照周总理的这一指示，国家轻工业部作出了《关于恢复历史名窑的决定》。从此，龙泉窑的烧制开始恢复，从而使龙泉青瓷得以一脉相传，并逐渐发展，迎来了龙泉青瓷的再度辉煌（图1-22）。

1958年龙泉瓷厂从民间艺人和本厂中选拔了8个人，开始龙泉青瓷恢复和仿制工作，1959年，浙江省委、省政府专门成立了"浙江省龙泉青瓷恢复委员会"，同年5月由浙江省轻工业厅厅长翟翕武挂帅，并邀请了国家轻工业部硅酸盐研究所、上海硅酸盐研究所、中央工艺美术学院、故宫博物院、北京钢铁学院、河北工学院及浙江省博物馆文物考古研究所、浙江美术学院、浙江大学等全国科研、文物、考古专家、学者十余人进一步全面、系统地开展考古挖掘、科学测试和恢复试制工作。经过这次专家学者的艰苦努力，前后发表了《龙泉大窑古遗址发掘报告》、《龙泉青瓷简史》、《龙泉金村古窑址调查发掘成就》、《龙泉青瓷历代烧制工艺的科学总结》、《略谈古龙泉青瓷的工艺成就》、《龙泉青瓷原料的研究》、《龙泉青瓷釉的研究》、《龙泉青瓷新产品试制报告》等科学论文。

1959年，为庆祝中华人民共和国建立十周年，龙泉瓷厂接受了烧制北京人民大会堂宴会用瓷（国庆瓷）的生产任务，此套餐具由浙江省轻工业厅厅长翟翕武亲自指挥，由中国美术学院邓白教授设计牡丹云鸾图案青瓷餐具，经过半年多努力，于国庆前夕完成了国庆瓷的生产任务，开始了龙泉青瓷的恢复和发展。

1985年2月，龙泉国有青瓷行业开始实行体制改革，撤销了龙泉瓷器总厂，成立龙泉瓷厂、龙泉瓷器一厂、二厂、三厂及龙泉瓷器研究所，各自实行独立核算、自负盈亏，归属市工业局管理。从20世纪90年代起，龙泉青瓷行业逐渐出现国有、集体、私营并存的格局。⑨

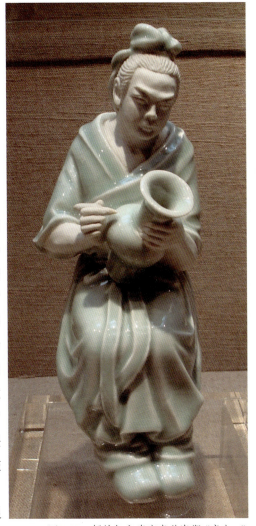

图1-22　解放初龙泉窑青釉瓷塑《章生一》

四、龙泉窑场的性质

龙泉窑是浙江省的民窑,在宋代一度为朝廷烧制御用瓷器。南宋迁都临安(今杭州)后,在杭州附近的修内司和郊坛下设立官窑,但是规模不大,要供应御用器皿,还得仰仗浙江南部就近的龙泉窑。

宋代官窑最早的文献记载见于叶寘《坦斋笔衡》,但该书已佚。元陶宗仪撰《南村辍耕录》卷二十九"窑器"条引《坦斋笔衡》云:"本朝以定州白瓷器有芒,不堪用,遂命汝州造青窑器,故河北唐、邓、耀州悉有之,汝窑为魁。江南则处州龙泉窑,窑质颇麁厚。政和间,京师自置窑烧造,名曰官窑。中兴渡江,有绍成章提举后苑,号邵局,袭故京遗制,置窑于修内司,造青器,名内窑。澄泥为范,极其精致,油色莹彻,为世所珍。后郊坛下别立新窑,比旧窑大不侔矣。余如乌泥窑、余姚窑、续窑,皆非官窑比。若谓旧越窑,不复见矣。"⑩

其实早在北宋初期,朝廷对浙江青瓷窑务就十分重视。太平兴国七年(982),派殿前承旨赵仁济监理越州窑务。北宋时期,浙江北部的越窑仍继续生产青瓷,只是其重要性已逐渐为南部的龙泉窑所取代。到了南宋时期,"若谓旧越窑,不复见矣"。

2008年11月18日,龙泉青瓷网出现了一条惊人的消息,称从北京故宫博物院传来消息,故宫博物院在库房内找到大批存世完整的龙泉青瓷器,专家们在仔细核对后发现,这批瓷器与大窑发现的明初官窑遗址应同为明初龙泉官窑瓷器。这批完整瓷器将为龙泉发现官窑提供更加有力的实物证据。

这条消息的核心是在龙泉大窑发现明初官窑遗址。笔者不知此处所指的明初官窑遗址是否是指龙泉枫洞岩窑址,但该窑址已被目前的考古证据证明并不是一处官府窑场遗址。"目前的考古证据虽不能说明当年为皇宫生产瓷器的窑炉、厂署的具体位置。""但枫洞岩窑址的窑业堆积中有大量纹样、造型规整的瓷器残片,从纹样、造型和胎釉看都和清宫旧藏的明龙泉窑瓷器相同或近同,说明该窑址的产品在当时就进入了皇宫。"[11]此说显然与龙泉青瓷网发布消息中所称"故宫博物院在库房内找到大批存世完整的龙泉青瓷器"是一致的。但笔者据此却看不到龙泉窑在明初是官窑(御窑)的证据。

王光尧在其所著的《明代宫廷陶瓷史》一书中,却仍然据此肯定龙泉窑在明初存在御窑。其在该书"明龙泉官府窑场之考订"中,认为参考《明宣宗实录》等文献,"以太监充任督陶官是在景德镇设立御器厂的主要标志之一。所以,有太监督陶且产品大量进入明宫廷的龙泉窑场绝不只是偶尔承担了生产宫廷用瓷的任务,而应该像景德镇一样有专门为皇室生产御用瓷器的御窑,"有太监管理生产的龙泉窑场在天顺时期也应当存在御窑"。在两次使用了不确定的词语"应该"和"应当"后,继而又写道:"从洪武时期开始,龙泉窑就承担为宫廷烧造瓷器的任务,尤其是从宣德到天顺时期龙泉御窑的存在,无疑促进了龙泉窑在明初的继续发展。从成化时期开始,龙泉御窑的停烧和皇宫不再大量需求龙泉青瓷器,使得龙泉窑场失去了官府在机制和经济两方面的支持,产品质量迅速下降。"[12]这个结论显得十分突兀。

以太监充任督陶官确实是在景德镇设立御器厂的主要标志之一,但除此之外还要有诸多前置条件。第一,要有明确的历史文献记载。关于明代景德镇御窑厂的文献记载不仅数量众多,而且十分明确为御窑厂(官窑),笔者且以《明代宫廷陶瓷史》"景德镇窑场"一节引用的历史文献为例。

清蓝浦《景德镇陶录》卷一所记:"洪武二年,就镇之珠山设御窑厂,置官监督烧造解京。"卷五"洪窑"条亦云:"洪武二年,设厂于珠山麓,制陶供上方,称官瓷,以别于民窑。"

康熙《浮梁县志》卷八所录詹珊《重建敕封万硕师主佑陶庙碑记》:"吾景德镇宜陶,取以上供。宋赋之民,元掌之郡刺史而收以权官,至我朝洪武末始置御窑厂,督以中官。"

明代陆万垓《江西大志·陶书》载:"洪武三十五年始开窑烧造,解京供用,有御窑厂一所。"

明正德年间《饶州府志》卷二"公署"条所记:"本府鄱阳县御器厂,即旧少监厅,在月波门外,宣德间创。每岁贡瓷器,太监驻此检封以进。"

《明史》卷四三《地理志四》"浮梁县"条载:"(县)西南有景德镇,宣德初,置御窑厂于此。"

以上所列历史文献尽管对景德镇在明代开设御窑厂的年代有所分歧,但都明确在景德镇开设的窑场为御窑厂。同时也有明确的历史文献记载,明清御窑厂的位置均在景德镇珠山。

第二,御窑厂的经费来源为国家财政拨款,为官办产业,即所谓的"官搭官烧"。嘉靖《江西大志》称:"先年系布政司公帑支给,嘉靖二十五年烧造数倍十百,加派阖省,随粮带片银十二万两专备烧造,节年支尽。嘉靖三十三年,又加派银二万两,亦烧造支尽。自后止于本司库帑银借支。然烦费岁巨万,如鱼缸及砖,则又不止是。公私方苦匮,鬻罪加赋之说殆纷纷矣。"

以上两点是御窑厂(官窑)最重要的标志。明清两代是我国历史上文献记载十分发达的时期,官方和民间的写本、写刻本、刻本和活字本质量与数量更是达到了前所未有的程度,但却只字未提龙泉"御窑",也未记载窑场的官方经济支持,众所周知这绝不是官方与民间文献记载的失误,而只能说明明代龙泉窑并未设立御窑厂(官窑)。

龙泉窑在明代曾烧制过宫廷和官府用瓷,不仅按照明代官样制度烧制宫廷、官府用瓷,而且落选瓷器也按照官窑制度予以销毁或就地掩埋。故宫博物院在库房内找到大批存世完整的明代龙泉青瓷;枫洞岩窑址堆积层中有大量纹样、造型胎釉与规整的瓷器,与清宫旧藏的明龙泉窑瓷器相同或近同的残片,都说明龙泉窑在明代早期曾为宫廷和官府烧制过贡瓷。同时,宫廷还曾派内官监烧,以保证贡瓷质量。因此,龙泉窑场的性质是民窑,而在南宋和明代初期曾一度为贡窑。就目前考古发现和已掌握的文献资料，要对龙泉窑下御窑（官窑）的结论显然还为时尚早。

第三节 产品在中国陶瓷史上的地位及其影响

一、龙泉窑在中国陶瓷史上的地位

龙泉青瓷传统有"哥窑"、"弟窑"之说，哥窑与官、汝、定、钧并称为宋代五大名窑。经考古发现，龙泉青瓷可分为两类：一类黑胎开片，紫口铁足，即传统所指的哥窑；另一类白胎青釉，晶莹温润，即传统所指的弟窑（龙泉窑）。

龙泉窑的白胎青瓷产品主要以釉色吸引人，是我国最著名的颜色釉瓷器品种。胎质细腻致密，白中泛青。施釉往往多次，釉较厚，玻璃光感很强。釉层柔和无开片，足底露胎处呈赭红色，俗称朱砂底。驰名中外的龙泉窑粉青釉和梅子青釉，如釉质晶莹的青玉，其色调可与翡翠媲美，达到了中国古代青色最佳的境界。

南宋时期是龙泉青瓷在历史上的鼎盛时代。无论在品种、造型、纹饰、釉色等方面都达到了精美绝伦的地步，代表了龙泉青瓷的最高艺术水平。因为当时宋室南渡，全国政治经济中心南移，一时南方人口激增，市场上对瓷器需求猛增，促进了龙泉窑迅速发展。另外南宋官窑的建立和青瓷产品，也为龙泉青瓷制瓷技术和瓷器质量的明显提高起到了借鉴作用。龙泉青瓷的制瓷技术更加精湛，各种各样的品种工艺烧炼技术掌握得恰到好处，许多晶莹润澈，浑厚华滋的粉青釉、梅子青釉相继出现。粉青、梅子青是中国陶瓷史上公认的青瓷釉色的巅峰，它不仅意味着龙泉窑制瓷技术水平的提高，其本身也包含了更丰富的审美意蕴（图1-23）。

与此同时，宋王朝为了克服财政困难，鼓励对外贸易通商，为此，龙泉窑青瓷大量外销，从而更促进了龙泉青瓷在全世界的影响力。龙泉青瓷后来传入朝鲜，影响到高丽青瓷。日本人称之为砧青瓷，并大量

图1-23 南宋 龙泉青釉鬲式炉

仿造。在欧洲,龙泉青瓷被叫做"雪拉同"(Seladon)。17世纪初,法国作家雨果写了一部著名的长篇小说,后来被改编为戏剧搬上舞台,并轰动一时。该剧演出时,剧中的牧童雪拉同穿着一件漂亮的青色外衣,惹人喜爱。而此时来自遥远东方的中国龙泉青瓷也在当地轰动一时,人们很想给它起个漂亮的名称。恰好牧童所穿的衣裳与龙泉青瓷的色调相似,因而人们就把龙泉青瓷称为"雪拉同"。直到现在,欧洲人还是把以龙泉青瓷为代表的中国青瓷称作"雪拉同"。

在中国陶瓷史上,最具世界影响力的产品无疑是景德镇青花瓷和龙泉青瓷。目前,龙泉青瓷烧制技艺,已被国务院列入第一批国家级非物质文化遗产保护名录。2009年9月30日,在阿布扎比召开的保护非物质文化遗产政府间委员会第四次会议,审议并批准了列入《人类非物质文化遗产代表作名录》的76个项目,其中龙泉青瓷成功入选《人类非物质文化遗产代表作名录》,成为我国陶瓷类第一个申报并成功入选的项目。

二、龙泉窑与浙江各窑场的关系

我国南方越窑、瓯窑、婺州窑等著名的青瓷窑场对龙泉窑的创烧、发展和繁荣影响很大,但起到决定性的、不可替代影响的当属南宋官窑。

1. 龙泉窑与越窑

越窑是我国烧制青瓷的鼻祖,自创烧至停烧,历时两千多年。自三国至两晋,越窑的窑址遍及浙江省绍兴、上虞、余姚、宁波、萧山、余杭、湖州等地,分布极广,形成了主导江南瓷业的庞大青瓷窑系。从唐晚期至北宋,越窑生产的"秘色瓷"成为贡瓷,青瓷制作水平登峰造极。在北宋以前,越窑对我国南北方各窑的创烧和发展起到了极为重要的启蒙和推动作用,尤其对龙泉青瓷的发展成长作用最大、最久,早期的龙泉窑青瓷无论是制瓷工艺、形制、釉色、装饰风格等方面都与越窑一脉相承(图1-24)。由于两窑的这种技艺交融,越窑的瓷艺精华大部分被龙泉窑吸收,随着越窑瓷业资源的逐渐枯竭,从而导致了越窑的衰败和继承者龙泉窑的兴盛。

2. 龙泉窑与瓯窑

瓯窑地处温州瓯江北岸的永嘉一带,自东汉始烧青瓷。三国、西晋时期烧制淡青釉瓷器,至东晋时制瓷技术开始提高,唐代窑址分

图1-24 五代 龙泉青瓷碗

布于温州、永嘉、瑞安、苍南、瓯海等地，五代、宋元时期继续烧制青瓷。瓯窑青瓷早期釉色淡青或者青黄，开片，易剥落，晚期釉质滋润，采用褐彩装饰。北宋早期，龙泉窑产品受瓯窑影响，也烧制淡青釉青瓷，其器物底部用垫环支烧，生产的执壶、莲花式碗、盘的造型和云纹、水草纹的风格，均与温州西山等瓯窑的产品极为相似，显然是受到瓯窑的重大影响。

3. 龙泉窑与婺州窑

与龙泉地区毗邻的金华，唐代属于婺州。金华地区烧瓷历史悠久，三国时期烧制青瓷，唐代创烧乳浊釉，与当时的越窑、鼎州窑等同属六大青瓷产地之一。瓷业延续至宋元时期，其窑址遍及今金华、衢州两市各县，形成了独特完整的青瓷窑系。婺州窑以生产青瓷为主，兼烧黑、褐、花釉、乳浊釉和彩绘瓷。五代、宋初时期，由于婺州窑瓷业繁荣，对龙泉窑也产生了一定的影响，龙泉窑生产瓷器的形制、工艺、釉色和纹饰均与婺州窑产品有相似之处，如龙泉窑生产的盘口环耳盖瓶以及在器物的肩部堆贴水波纹的装饰，就是受到当时婺州窑影响的例证。

4. 龙泉窑与南宋官窑

南宋迁都临安（今杭州）后，为了满足宫廷和达官贵人的用瓷，急需发展瓷业生产。南宋朝廷向来崇尚青瓷，因此十分热衷于恢复生产高级青瓷，于是先后在杭州附近设立了修内司和郊坛下两座官窑，"袭故京遗制"，为其生产宫廷用瓷。但在两座官窑建立后，因规模不大，其产品依然供不应求。宫廷不能不选择其他供瓷来源供应御用器皿，于是得仰仗南部就近的龙泉窑。

同时，由于宫廷大量使用龙泉青瓷，这在士大夫阶层也逐渐成为一种时尚，从而使龙泉青瓷拥有较大的市场。因此，当时龙泉某些窑厂竞相仿制，出现了许多龙泉仿官瓷器。这些仿官窑瓷器的烧制，大大提高了龙泉窑制瓷水平，对龙泉窑跻身宋代名窑产生了决定性的影响（图

1-25)。

从以往得到的标本看,郊坛下官窑器的特点是:胎有灰胎、黑胎和米黄色数种,釉有厚釉薄釉两种。纹片大、小均有,釉色有粉青、米黄、深米黄等。紫口铁足是郊坛下官窑的特征,但并非全部产品都有这一特征,凡灰胎、米黄色胎和底足包釉器,都不属这一类。

龙泉大窑、溪口等处发现的黑胎器,釉面有开大纹片,也有开小纹片,除了一部分透明度特别亮的瓷片外,其他大部分器物和郊坛下官窑器无法区别,应是仿官窑制品。20世纪五六十年代,浙江省考古工作者对龙泉大窑和溪口进行了调查,证实两地都烧制这类仿官窑器。

图1-25 南宋 龙泉窑仿官窑瓷片

三、龙泉窑与北方耀州窑的关系

南方各青瓷窑虽然对龙泉窑产生了巨大影响,但北方著名的耀州窑对龙泉窑产生的影响也不可忽视。

耀州窑位于陕西省铜川市黄堡镇,唐宋属耀州治,自唐至明嘉靖烧瓷800余年,史称耀州窑。五代开始以烧制青瓷为主,在造型、釉色、纹饰上受南方越窑影响明显。至宋以后形成了北方最大的青瓷窑系,为宋代青瓷的发展奠定了基础。耀州窑青瓷以刻花最具特色,其刻花刀法犀利,线条流畅,构图完美。据南宋陆游的《老学庵笔记》记载,由于耀州窑青瓷类似越窑的"秘色瓷",所以当时被称为"越器"。北宋时,耀州窑是向朝廷土贡青瓷历时最久的窑。随着时间的推移,河南的汝窑崛起,最终夺取了北方青瓷霸主的地位。[13]

龙泉窑和耀州窑虽在许多方面同源于越窑,但又彼此借鉴,形成不同的风格。从五代至宋,耀州窑向宫廷进贡青瓷产品,而当时龙泉窑正处于发展初期,急需吸收各个青瓷窑产品的长处。由于当时越窑已经衰落,耀州窑承担着烧制贡瓷的重任,其影响力必然波及南方龙泉窑。从北宋时期龙泉青瓷的形制、胎土、釉质和装饰看,显然是吸收了耀州窑的制瓷技术。以北宋时期龙泉青瓷碗为例,大量烧制斗笠碗,其形制与耀州窑碗一样。在碗的内壁刻划水波游鱼,外壁刻划折扇纹,两者的技法、纹饰和形制几乎一样。

注释

①明嘉靖《浙江通志》卷八，上海书店出版社1990年版。
②[明]郎英撰：《七修类稿》，上海书店出版社2009年版。
③熊寥、熊微编著：《中国陶瓷古籍集成》，上海文化出版社2006年版。
④[明]宋应星著：《天工开物》，江苏古籍出版社2002年版。
⑤[民国]徐渊若著：《哥窑与弟窑》，百通（香港）出版社2001年版。
⑥冯先铭著：《中国陶瓷》，上海古籍出版社2001年版。
⑦[民国]徐渊若著：《哥窑与弟窑》，百通（香港）出版社2001年版。
⑧参见钟琦：《田野研究：龙泉窑停烧后龙泉青瓷的技艺传承》，载[法]蓝克利（Christian Lamouroux）主编：《中国近现代行业文化研究——技艺和专业知识的传承与功能》，国家图书馆出版社2010年版。
⑨据电视纪录片：《青瓷之光》，龙泉市广播电视台2007年11月。
⑩[元]陶宗仪撰：《南村辍耕录》，辽宁教育出版社1998年版。
⑾王光尧著：《明代官廷陶瓷史》，紫禁城出版社2010年版。
⑿王光尧著：《明代官廷陶瓷史》，紫禁城出版社2010年版。
⒀浙江省博物馆编：《青瓷风韵——永恒的千峰翠色》，浙江人民美术出版社1999年版。

第二章 出土遗物及产品工艺

第一节 产品工艺特征

一、成型

成型是瓷器制作的关键环节,主要是制坯,还包括制坯前的造型设计和制坯后的阴干、补水等阶段。

瓷器的造型设计是根据需要,由技艺较高的匠师负责进行器物的造型设计,制作图样。如果烧制贡瓷或者官用瓷器,还要按照宫廷或者官府的来样或者实物进行设计。明代龙泉青瓷在烧制御用瓷器时,就按照明代官样制度烧制宫廷、官府用瓷。

制坯是决定瓷器成型后是否符合要求和产品质量的重要环节,龙泉窑主要采用拉坯、模制和捏塑三种方式。

《菽园杂记》记载:"匠作先以钧运成器,或模范成形,俟泥干,则蘸釉涂饰。"①钧即辘轳(即拉坯机),是一种靠人力制动的拉坯工具,上部有一个圆轮,下部是支架。制坯时,将泥料放在圆轮上,再推动圆轮旋转,匠师即可手工拉坯,制成粗坯。在龙泉各地窑址中,发现了很多辘轳遗迹和辘轳木轴上用的瓷质轴顶碗和轴箍,说明碗、盘、洗、盅等圆器成型的主要工具是辘轳。

模范是指素烧陶模，就是按照所需式样制作的模具。龙泉窑模范采用黏土制作，经低温焙烧而成，其吸水性比石膏模型略差。有的莲瓣碗，是用一外模，将模子放在拉坯机上，握一团泥，按在模内，随着机子的旋转，将泥团逐渐旋薄成碗形，再刮去多余溢出的泥，倒出即成。据考证，南宋以后龙泉青瓷器物的外壁上带有花卉、动物、人物、文字等纹饰的，都是按照所选纹饰的图案先行制模，再用模具印压于坯件上成型的，模印的纹饰凸于胎体表面。龙泉大窑曾出土过花卉、鲤鱼等印模。

陈万里先生就曾生动记录过民国时他在龙泉地区考古的亲身经历："我看见他们做碗，两支脚蹬住一个圆转机（辘轳），将模型放在机上，握一把泥，两手先在模型的底部，按坚实了，然后右脚蹬此周转机，使它急速旋转，此时型内底部的泥，渐次随着旋转而薄薄匀铺在模型的全部，溢出在模型外的余泥，把它刮去，中间穿一个孔，为的是排气泡。最后用一块皮，将内部轻轻地按刮一下，就算完成了。手工灵巧的做得很快，等到做到第12个或者16个的时候，就依次脱出模型，在旁边吹一下，四面就同时分离，一合即出，此时的泥还是湿的，就放在板上晾干。等到干了，再要磨底，于是画花、上釉，预备去烧，大概做法如此。"②

龙泉窑生产的圆器都是采用拉坯方式制作的，主要用于可以一次拉坯、一次成型的碗、盘、洗、杯、盅等器物。但对于成型复杂或者形体高大的瓶、壶、罐等琢器，一次拉坯难以成型或者焙烧容易开裂、变形的，则需要多次拉坯、分段粘接才能完成，因此需要采用更为先进的工艺。为此，宋元时期龙泉器物中的琢器基本采用了多次拉坯、分段粘接的先进成型工艺，通常在器物的颈、肩、腹、底等部位可见接胎痕迹。分段拉坯的部位因时因窑场而异，一般为两段或者三段，最多可达四段。分段拉坯、粘接成型的工艺虽然增加了工序和难度，但可以制作大型或者复杂的器物，减少开裂变形，降低次品率。

对某些通过拉坯和模制方式难以成型的器物或者饰件，必须采用

图2-1 龙泉大窑窑具堆积层

捏塑工艺。捏塑通常用于制作人物、动物和器物局部的饰件，对工匠技法的要求很高，只能借助于简单的工具制作立体物件，以表现复杂的立体造型。南宋龙虎盖瓶上的蟠龙、猛虎和狗、鸟盖钮，以及动物、偶人和玩具等，也都展示了龙泉窑捏塑艺术的魅力。

瓷坯成型并装饰后，一件粗坯即告完成。粗坯是半成品，还需要经过阴干除去所含的水分，使胎体均匀收缩，以防变形开裂。当粗坯半干时，匠师们还要对其进行旋削剔刻，精雕细刻，修整坯体，并在器底挖足。

二、窑具

窑具是青瓷装烧过程中必不可少的辅助器具，一般用耐火黏土制成，龙泉窑的窑具主要有匣钵、垫柱、垫饼、垫环和支钉等。

匣钵是焙烧瓷器时置放坯件并对其起保护作用的匣状窑具，一般呈筒形或者漏斗形。匣钵不仅耐高温，而且承重力又强，可以叠压而不易倒塌。坯件装在匣钵里焙烧，避免了烟火与坯件直接接触和窑内砂尘落粘的影响，使坯件受热均匀，釉面洁净，并充分利用空间，提高瓷器质量（图2-1）。

垫柱是一种柱形垫烧具。垫饼呈圆饼形，直径大于、等于或者小于所承托器物的足径。

垫环亦称垫圈(图2-2),呈环形,上下一般比较平整,直径等于或者小于所承托的器物的足径,支点均匀,稳定小巧,制作简便,但容易损坏。

支钉用黏土制成,均匀地支撑于器物底面或者足面,钉脚多为圆钉状,枚数不等,少则3枚,多则10多枚。瓷器烧成分离后,底足的支点会留下支钉的断痕,其形状多为圆形、芝麻形、条形、三角形。龙泉窑鼎盛时期即北宋时期、南宋时期和元代时期,采用了不同的窑具,经历了由初级到高级再渐次粗简的发展演变过程。

1. 北宋时期的窑具

北宋时期龙泉窑采用的匣钵有两种,一种是直壁盆式,即匣钵的外壁笔直,内部呈盆式内凹,在上面放置坯件,一般只烧一件。另一种是直壁筒式,即外壁笔直,内部中空如筒,可以放置多件瓷坯进行正烧或者垫烧。当时生产的碗、盘等造型矮宽的圆器,采用匣钵烧制,其他如盆、钵、罐、瓶和执壶等形体高大的琢器则在底部放置垫环,再放在喇叭形垫座上用明火烧成。

图2-2 龙泉窑垫圈和瓷片

2.南宋时期的窑具

南宋时期龙泉窑烧制青瓷全部采用匣钵,将装好瓷坯的匣钵叠装成为匣钵柱,可以按照不同窑位排列匣钵柱,形成比较合理的间隙(火路),以达到利于控制窑内温度和气氛的目的。除了常用的平底匣钵外,开始使用凹底匣钵。平底匣钵用来放置瓶、炉、壶、唾壶等大件器物或者鸟食罐、笔洗、把杯等小件器物,通常一个匣钵放置一至四件,装满为止,提高了空间利用率。凹底匣钵的底部呈半圆形内凹,有的涂上黄褐色涂料使其表面光洁,以防止焙烧时因匣钵内的碎屑落到坯体上,保持釉面光洁无疵,使成品率和优质品率大大提高。一般碗、盘、洗、碟、杯等圆器使用较矮的凹底匣钵。

南宋时期的垫饼绝大部分用精细的坯泥轮制而成,垫饼托面平滑,制作规整。采用坯泥制作垫饼,因其与坯件泥料的收缩比例一致,焙烧时可以防止器底变形和磨损。浅盘式和舂状垫饼用来承托带圈足的器物,垫饼的托面托住圈足,这样可以对坯件通体施釉,而后再刮去足底的釉面,在焙烧时不致粘连。碗形和盏形的垫饼壁薄均匀,用以垫隔盅、把杯等小件器物。垫环常用在印盒、鸟食罐等平底器物下面。

通过现存的极少底部留有支钉痕的南宋龙泉青瓷的器物和残片看,龙泉窑的确使用过支钉烧制官用瓷器,主要见于碗、瓶等器底,但传世实物极少。其支钉的数量不等,少则3枚、5枚,多则13枚。支钉断面形状既有芝麻形的,也有圆形的。

3.元代时期的窑具

元代窑具与南宋时期窑具相似,但因追求产量和生产大件器物而逐步粗简。匣钵和垫具的原料比较低劣,制作粗糙,形式也有所变化。为适应烧制大件碗、盘、瓶的需要,垫饼、垫环变大变厚,常在器底留下垫痕。匣钵内常叠装几件碗、盘,内底或者外底留有涩圈。

三、烧成

宋元时期，龙泉青瓷均使用龙窑烧成（图2-3）。龙窑是利用山坡的倾斜度，依山建筑，窑身斜度产生自然抽力，取代了烟囱的部分功用；狭长的窑身，极像一条伏在山坡上的龙，故被称为龙窑。由于龙窑建于山坡上，因此呈前低后高的形态。前端有火室，燃烧薪柴之用。窑身为长条形，原有若干烟孔及投柴孔，最尾端的墙壁下方有几个烟孔，外面有一弧形的墙挡住，算是烟囱。薪柴在火室内点燃后，尾端的烟囱打开，于是火焰及热气由山脚下的窑前端，逐渐沿着山坡传送到坡顶的窑尾。废气除了从最后面的烟囱排掉之外，还可以从窑身上的几个烟孔排出。

明代龙泉窑则使用阶梯式窑，也就是如今常见的登窑，分为火室和四间窑室及烟囱。火气由后壁的孔洞，通到另一窑室，然后从前壁下窑床的孔洞，上升至穹顶，再下降，通到下一窑室，属倒焰式。每一窑室有

图2-3　龙泉博物馆展示的龙窑图片

一门，可供装窑出入之用。烧窑时用砖封起，只留一方孔，以为投柴及观火色之用。

瓷器的装烧是产品生产中最后一道工序，决定着产品的成败。窑温、窑内气氛和冷却方法的变化，对龙泉青瓷的成色极为敏感。同一釉料配方、同次施釉的瓷坯在不同烧成条件和窑内气氛下所烧成的釉质、釉色均有不同。

《菽园杂记》中有一段关于龙泉瓷器装窑焙烧的记叙："……用泥筒（匣钵——笔者注）盛之，寘诸窑内，端正排定，以柴条日夜烧变，俟火色红焰无烟，即以泥封闭火门，候火气绝而后启。"[3]即将装有瓷器坯体的匣钵整齐地排列于窑室内，用木柴和竹子为燃料焙烧，烧到火红高温无烟时，即达到既无不完全燃烧的烟雾，又不使空气过量的近中性焰或者轻微还原焰的清火阶段，然后封住窑门不让空气二次进入窑内，以防釉面的重新氧化，直至冷却后再开窑。

窑温是指陶瓷的烧成温度，俗称火候，是瓷器烧成的首要条件。龙泉青瓷的烧成温度约在1180℃～1280℃之间。龙泉青瓷中以梅子青釉和粉青釉的釉质、釉色最好，这两种釉的烧成温度均很高。梅子青釉与粉青釉的化学成分相差无几，但烧成温度和窑内气氛却不同，梅子青釉的烧成温度在龙泉青瓷各种釉中几乎是最高的，可达1280℃。粉青釉的烧成温度约在1130℃，上下不超过20℃。

瓷坯在窑内烧成时除了温度之外，还需要一定的窑内气氛。焙烧瓷器的窑内气氛可以分为还原气氛和氧化气氛，通常把形成还原气氛的火焰称为还原焰，形成氧化气氛的称为氧化焰。还原气氛是指瓷坯在烧窑时空气供给不充分，燃烧不完全的条件下产生的一种火焰气氛。龙泉青瓷釉中的粉青釉一般都采用还原焰烧成。氧化气氛是指瓷坯在整体烧成过程中，均在充分供给氧气的气氛中加热升温，在燃料完全燃烧时所产生的一种火焰气氛。龙泉青瓷中的梅子青釉就是采用强氧化焰烧成的。

第二节 胎釉

一、瓷胎

龙泉瓷器是以瓷土或者瓷石为原料，经过配料、加工、成型、干燥、焙烧等工序制成，其瓷胎的化学成分主要为氧化硅、氧化铝，以及含量不到10%的氧化钛、氧化铁、氧化钙、氧化镁、氧化钾、氧化钠、氧化锰等。瓷胎经烧结后，质地坚硬致密，不吸水或者基本不吸水。瓷胎颜色呈现灰色、白色或者灰白色。

总体而言，龙泉窑产品以北宋以前的胎质最差，南宋时期的最好，元代的较好，明清时期较差。瓷胎的色调大体可分为白灰、灰白、灰、深灰、灰黑、灰褐、灰黄、紫红、紫褐、土黄、淡黄等。

北宋以前制作龙泉青瓷的瓷土等原料研磨不细，颗粒较粗，杂质较多。烧结程度多数呈生烧和微生烧状态，瓷化程度较低。烧成后质地多数疏松，胎中气孔很多也较大，胎质比较粗糙，胎色以灰居多，少数为深灰、黄灰、淡灰色，胎体一般粗重。北宋晚期胎质有所改变，质地变细，密度增加，胎体减薄。

南宋中晚期，龙泉窑制瓷原料由于研磨极细，淘洗多次，杂质极少。产品大部分为正烧，瓷化程度很高。烧成后胎质光洁致密，肉眼难见铁斑和气孔。白胎器的白度最高，白中微灰，质地细腻致密。

元代早期龙泉青瓷的胎质基本保持了南宋的水平，但至中晚期质量开始下降。由于器型普遍较大，产量又多，因此对原料的选取和加工就不再精细，瓷胎杂质增加，生烧和微生烧增多，瓷化程度降低。烧成后胎质一般比较疏松，气孔多且大，胎色灰白或者灰黄，胎体厚重。

明清时期龙泉窑急剧衰落，瓷器制作粗制滥造，胎质较宋元时期明显下降，原料淘洗不精，胎中杂质较多，气孔多且明显。多数是生烧或者微生烧，胎的玻化程度较低，胎色呈灰白、灰黄或者淡黄，质粗体重。

二、釉色

龙泉窑产品在南宋以前施用的是石灰釉,南宋中期以后施用的是石灰碱釉。

石灰釉是以氧化钙为主的釉料,氧化钙起助熔作用。石灰釉的氧化钙含量多介于16%～20%之间,烧成温度一般在1250℃左右,具有高温黏度较低,易于流釉,透光性强,釉面光泽较亮,适应性好,硬度较高等特点,俗称玻璃釉,为烧制青瓷所广泛使用。石灰碱釉是以氧化钙为主要助熔剂的石灰釉,通过降低其氧化钙的含量,提高碱金属氧化物的氧化钾和氧化钠的含量,成为以氧化钙和氧化钾、氧化钠为助熔剂的釉料。石灰碱釉的特点是高温黏度较高,不易流釉,适宜施厚釉。在高温焙烧过程中,釉中的空气不能浮出釉面而在釉中形成许多小气泡,使釉中残存的一定数量的未熔石英颗粒形成大量的钙长石析晶,这使进入釉层的光线发生折射,从而使釉层变得乳浊不透明,产生一种温润如玉的视觉效果,玉质感较强,釉色光泽柔和,没有刺眼的浮光。

龙泉青瓷的釉色,大致可以分为青色、灰色和黄色,并有多种变幻。

青色中主要有梅子青(图2-4)、粉青(图2-5)(图2-6)(图2-7)、豆青(图2-8)、天青(图2-9)和淡青(图2-10)。

梅子青　是龙泉青釉中最漂亮的色调,在南宋晚期的龙泉青瓷产品中最多见。顾名思义是将南方青梅的颜色比作龙泉青瓷的釉色,通常是指釉的颜色葱翠、质地凝润、光泽莹澈。

粉青　是龙泉青瓷釉色中比较多的一种釉色。粉青呈色青蓝,青中泛蓝,蓝中含青,颜色淡雅凝重。粉青釉的化学成分与梅子青釉相近,其氧化钙和氧化镁的含量略低于梅子青釉,氧化钾和氧化钠的含量略高于梅子青釉。粉青釉的特点是釉层不透明或者半透明,玉质感最强,釉质硬度较梅子青釉略低。釉下气泡密集,石英颗粒多。

图2-4 南宋 龙泉窑
梅子青釉贯耳长颈瓶

图2-5 南宋 龙泉窑粉青瓷片

图2-6 南宋 龙泉窑粉青釉瓷片

51

图2-7 南宋 龙泉窑粉青釉瓷片

图2-8 南宋 龙泉窑豆青釉瓷片

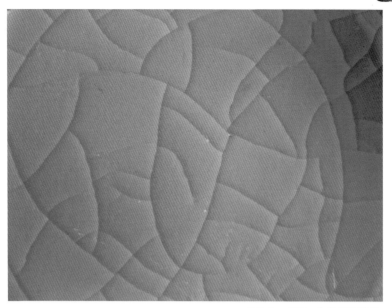

图2-9 南宋 龙泉窑天青釉

图2-10 明代 龙泉窑淡青釉香炉

豆青 釉色介于梅子青和粉青之间，釉色稚嫩，柔美似玉，釉层肥润，釉质乳浊失透，气泡较多，石英颗粒密集。

天青 是南宋时期龙泉大窑、溪口等窑仿照北宋汝官窑烧制的高档青瓷中的呈色。釉色分为两种，一种是釉质玻化程度稍低的，其釉面几乎完全乳浊，比较疏松，呈现深沉的天青色，泛木光或者半木光；另一种是釉质玻化程度较高的，其釉面细润致密，透明度稍高，呈现淡天青或者天蓝色。

淡青 是北宋时期龙泉青瓷施用石灰釉，釉色以淡青色为主，釉质透明，气泡稀少。

龙泉产品中的灰色釉多数属于南宋晚期至元代早期的产品，釉质透润有玉质感，玻化程度较高。釉下气泡较少，呈雾浊状。胎质致密坚硬，胎色深灰。

龙泉瓷器在宋元时期黄釉器较多，通常显现在玻璃质较强的薄釉层中，其瓷胎多数为土黄色、淡黄色、灰黄色或者灰色。在北宋和南宋早期青瓷器上常见一种黄白相间的淡黄釉，釉质透明亮泽，玻璃感强，开片细碎，容易剥釉。元明清时期最多的青黄釉，即为一种绿中闪黄的釉色，其釉质一般比较通透滋润，胎色较白或者灰白。

三、纹饰

龙泉青瓷产品除了单色釉装饰外，有些产品还在青瓷上装饰纹饰，内容丰富，题材广泛，大致有以下一些题材：

宗教题材 如受佛教影响的莲瓣纹（图2-11）、八吉祥、万字纹等。在历代龙泉青瓷中，器物的外壁用刻、划、雕、印等手法饰以仰莲或覆莲十分常见。八吉祥、万字纹在元代的龙泉青瓷上也开始出现。还有受道教影响的八卦、八仙、神仙等，也在元代龙泉青瓷上较多出现。

人物题材 主要出现在明代龙泉青瓷产品中，大致可分两类，一类为历史人物故事碗，即在碗的内壁印上几组人物，每组为一个故事，有

图2-11　南宋　龙泉窑青釉莲瓣纹碗瓷片

些在人物图形旁还印上说明文字,如"孔子泣颜回",另一类是戏曲人物瓶,即在瓶体一周贴饰数个戏曲人物造型(图2-12)。

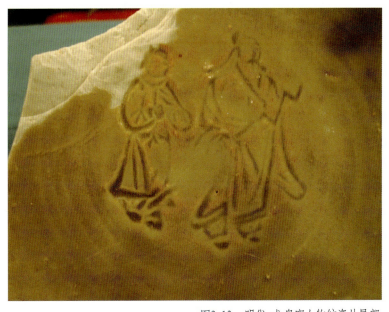

图2-12　明代　龙泉窑人物纹瓷片局部

植物题材 从元代开始较为流行,如莲瓣、莲花(图2-13)、牡丹、梅、兰、竹、菊、桃、葵、菱、芙蓉、芍药、蕉叶、蔓草、灵芝、葡萄、石榴、枇杷、牵牛花等。少数花卉图形在元代前已经使用(图2-14)。

动物题材 最典型的动物题材莫过于双鱼了,在南宋时就开始出现,至元代达到了高峰,像内底贴饰双鱼的洗就是元代典型器形。其他还有龙、虎、鸡、狗、凤、鹤、鱼、龟、鹿(图2-15)、羊、鸟、昆虫等动物题材。鸡、狗等在北宋时被捏塑成瓶类盖钮已出现,龙、虎在南宋时被堆塑在瓶的肩部成为特有器形龙虎瓶,凤、鱼等则在南宋前期就被配以云、水、花、草纹等刻划在盘、碗等器物上。

文字题材 第一类是纪事(图2-16)、纪年的铭文,如"天下太平元丰三年闰九月十五圆日愿烧"铭文双耳盖瓶,"大清顺治八年制"铭文青釉刻花瓶。第二类是窑名印记、业主名或吉祥语,一般用印戳印在碗、盘、高足杯类器物的内底,如"项宅正窑"、"金玉满堂"、"刘"、"张"、"顾氏"、"早攀仙柱"、"日高"、"吉昌",有些与图形搭配组

图2-13 北宋 龙泉窑缠枝莲纹瓷片

图2-14 元代 龙泉窑花卉纹和双鱼纹瓷片

图2-15 明代 龙泉窑鹿纹瓷片

图2-16 北宋 龙泉窑文字装饰瓷片

图2-17 "河滨遗范"(局部)

合,如在"福"字旁印饰鹿纹,以寓福禄双全。第三类是广告语,最典型和常见的是"河滨遗范"(图2-17)。其中"河"指的是黄河,"范"就是模子。《周礼·考工记》中有:"有虞氏上陶。"有虞氏是远古的一个部落,舜是该部落的领袖。因该部落崇尚陶器,故后世有"舜陶河滨"之说。"河滨遗范"有舜留下的陶模之意,从而使人发思古之幽情,具有巨大的广告效应。④还有一类即蒙古八思巴文,大多为百家姓氏与吉祥语,有八思巴文单独使用的,也有与汉字搭配组合的。

第三节 造型

瓷器的造型亦称器形,是根据不同用途的需要而设计和制作的具有审美价值的陶瓷器物样式。按照器物的用途划分,龙泉青瓷器物的常见造型主要包括日用器、陈设器和宗教与祭祀器具等。

一、日用器造型

龙泉青瓷日用器主要有碗、盘、钵、洗、盆、瓶、执壶、渣斗、杯(盅)、罐、文房用具、盒等十余种。下面择其要分述之。

碗在龙泉青瓷日用器中是最常见的造型。

斗笠碗 斗笠碗亦称斗笠盏(图2-18)。斗笠盏的出现是为了适应北宋的"斗茶"时尚而生产的,亦称茶盏。宋代时期"斗茶"成风,尤以北宋时期最盛,为此,建窑、吉州窑、景德镇窑、龙泉窑、定窑等生产了大量的黑釉、酱釉、白釉和青釉茶盏,尤以建窑黑釉茶盏最负盛名。各窑生产斗笠盏的造型基本相同,形似一个倒立的斗笠,由此得名,至元代以后基本绝迹。

深腹碗 碗口直腹深,口径大小均有。深腹碗容积较大,容易把握,方便实用,流行于北宋至南宋早期,产量很大,是主要的生活用器。

图2-18　北宋　龙泉窑斗笠碗

敛口碗　仅见于宋元两代。北宋中晚期龙泉窑敛口碗,通体施淡青釉,其碗口内敛,肩部向内斜折,肩部刻有弦纹数道,碗腹呈斜弧形,外底平但稍微内凹,无釉。南宋时期敛口碗通体施梅子青厚釉,其碗口沿内敛略呈坡形,碗口回唇。碗外口肩部向下呈弧形斜收。圈足直立,底部平坦。

束口碗　碗的外口沿内束形成一道凹槽,碗口微侈,便于饮食。碗腹壁呈弧形向内收敛。小圈足,外底心微凸,直径不大,见于南宋晚期。

敞口碗　是各类碗中最基本的造型,碗口外撇,弧腹坦张,弧度一般小于45度,口径不同,造型大方。碗口多数斜直,也有微撇或者出唇的。

荷叶碗　元代龙泉窑产品,以荷叶的形状为原型,碗内壁装饰成荷叶状,并自然延伸至外翻唇口形成荷叶翻卷形态,外弧壁光素下收,碗底饰单龟或双龟。

菱口碗　碗壁呈弧形,碗口一周被刻成连续的中尖、边圆的菱花形状,花口多达30余个。

莲瓣碗　外壁采用雕刻方法刻出双层交错的仰莲花瓣纹,碗面宛如一朵盛开的莲花,高雅古朴。莲瓣碗的造型常见斜弧腹式,亦有浅腹撇口式。

鸡心碗 是由莲瓣碗演变而来，南宋晚期始见。敞口、弧腹，碗的外壁浮雕出菊花瓣，瓣端平齐。小圈足，鸡心底（参见图1-14）。

盘碟是不可缺少的生活用器，历代龙泉窑形制繁多：

唇口盘 盘子收口制成外侈或者圆滑的唇状，不易伤人。盘腹浅张呈弧形，盘底平坦，适于盛装食物。

板沿盘 板沿盘的沿口类似折沿盘，盘的口沿里平行或者斜上方向外折，形成类似平板状的边沿，盘的边缘做出圆棱，故此得名。

葵口盘 盘口腹制成等分的连弧状的秋葵花形，采用模压工艺，将盘子的腹壁制成花瓣弧形或者压出凸棱，或者在盘口刻出花口，花口数目不等，一般年代较早的花口较少。盘的口沿和腹部均呈曲线弧形，盘腹壁弧度一般较浅，口径在20厘米以下。

菱口盘 盘口沿或者盘腹被制成每组花瓣为中央尖两侧圆弧状的菱花形，沿盘口一周，线条柔美流畅。

折腹盘 南宋中期至元代流行。南宋时期折腹盘有折唇折腹和敞口折腹两种，口径不超过20厘米。前者盘口外折出唇，腹部内折度较小且直，圈足直立较窄，口径较大，素面无纹。后者敞口，口沿斜直无唇，盘口较薄，向下逐渐加厚，盘壁至腹部缓慢内折，折角较大，平底，施青黄釉，有无纹和刻划花纹两种。

荷叶盘 南宋龙泉窑荷叶盘仿照荷叶的形状烧制，口径都在15厘米以下，造型优美。

宋代盛行执壶，是盛装酒水的容器，亦称注子。龙泉窑在宋、元、明时期都大量烧制，造型各代有别。

瓜腹执壶 这是龙泉窑执壶中创烧最早、产量最大、式样最多的壶式，瓜形执壶有圆形腹、椭圆腹和扁圆腹三种。北宋时期的执壶受越窑的影响，壶口多为盘口，壶颈较长，两端较粗，中部较细，线条柔和。壶流长弯，镶嵌S形扁带把手，把手和流的高度均不过壶口。南宋中晚期龙泉窑烧制的瓜腹执壶，其腹部造型与北宋时期不同，模仿南瓜形状制作，造型有大有小，腹部有圆有扁。

盘口执壶　盘口执壶流行于北宋早期，南宋晚期停烧。这种执壶的盘口较深，口外沿内凹呈槽沟状，有带系的、刻花和无纹的。

凤首执壶　龙泉窑凤首执壶始见于北宋，造型奇特，壶口捏塑成外翻四瓣花口状。筒颈，颈中部横接凤头1个，凤喙与长流相接，凤头后部与耳状把手相连。执壶多处使用弦纹分割，颈肩结合部有凹弦纹2道。斜溜肩，圆腹部，腹部两端内收。腹中部有2道凹弦纹将其一分为二，上部刻划连续花草纹一周，下部为双线刻划的仰莲花瓣纹一周，莲花瓣较瘦长，颇有北宋风格。

葫芦执壶　这是宋元时期比较流行的壶式。葫芦执壶是以葫芦瓶为壶身，镶嵌壶流和把手而成的。南宋时期龙泉窑生产的葫芦执壶造型较小，不刻划纹饰，通体施青釉。元代龙泉窑葫芦执壶造型较大，壶口外撇度增大，颈部加长，束腰较长，壶流和把手的位置下移，流的长度加大并靠近壶上腹部，把手曲度较小并且镶于接近壶口的位置上。胎体比较厚重，制作工艺较宋代粗糙。

为了满足饮茶饮酒的需要，龙泉窑烧制了各种茶杯和酒盅，这类杯盅造型很小，制作精细。

八角杯　宋元均有烧制。此杯的口腹呈八角形，敞口，斜弧腹，腹壁凸凹有致，线条柔美。小圈足，外底平，满釉。

把杯　南宋龙泉窑黑胎器，敞口，深腹微弧。

高足杯　元明时期盛行。元代高足杯造型较明代大，主要有两种：一种是撇口高足杯，其杯口外撇，腹部弧斜，内底平，杯足较高，足外制成竹节状，既便于把握又美观，足底部外撇，外底内凹中空。第二种是敞口高足杯，其杯口较直，杯身呈深弧形，杯足较低，无竹节。

在龙泉窑烧制的酒器中还有一种梅瓶，是用来盛放酒的容器。梅瓶是北宋创烧的一种瓶式，龙泉窑自宋至明均有烧制，造型和工艺各具特色。有刻花梅瓶、弦纹梅瓶、带盖梅瓶、连座梅瓶等。

罐是常用生活用器,龙泉青瓷产品中的盖罐最早见于北宋。龙泉博物馆馆藏的北宋刻划莲瓣纹小盖罐,盖顶平坦,盖面刻划花草纹。罐口颈短直,扁鼓腹,平底微凹无釉,子母口,灰白胎。罐腹刻划仰莲瓣纹一周。

龙泉窑所产瓷罐中最著名的是荷叶盖罐(图2-19),其始见于南宋晚期,因其罐盖形如翻卷荷叶而得名,是元代龙泉窑罐中最多、最有代表性的典型器。元代荷叶盖罐造型较大,胎体厚重,盖面凸起较高,有带钮和无钮两种。罐口径较大,一般超过足径。罐的肩部较宽,装饰方法多样,常用刻划、模印、堆贴工艺,纹饰繁多。

钵原本是佛门使用的容器。宋代以来龙泉窑烧制了大量青瓷钵,

图2-19　元代　龙泉窑荷叶罐

代替了以往的铜钵。不同时期龙泉青瓷钵的造型各异,最常见的有盂式钵、敞口钵、敛口钵和堆塑钵。

盂式钵　此钵造型较小,盂口向里急收,口径很小,有的盂口出唇。钵的肩部较斜,折腹内收。饼足,平底,无釉。通体施淡青釉,胎壁较薄。盂式钵适于盛水,不易外洒,也可以做供器或者容器使用。

敛口钵　此钵的出现晚于盂式钵,南宋时期较多,元代少见。南宋时期的敛口钵腹部和底部与敛口碗相同,只是钵口内敛,门径小于敛口碗。

堆龙钵　此钵造型奇特,构思新颖,出现于元代。钵体口径较大,敞口直腹,底部平坦。内底中镶嵌着一条堆塑的立龙,具有观赏价值,艺术性较强。

在龙泉所产文房用具中,洗是常见的瓷器造型,龙泉窑生产的青瓷洗盛行于宋元时期,造型多样,主要有:

双鱼洗　是南宋龙泉窑著名器型(图2-20),此洗的基本造型是折沿,斜弧腹,平底,直足。在洗的内底上采用凹印和堆贴两条鲤鱼的技

图2-20　南宋　龙泉窑双鱼洗

法进行装饰,故此得名。宋、元时期龙泉窑都生产双鱼洗,宋代双鱼只有凸贴的,元代既有凸贴的,也有凹印的。两代双鱼洗的主要区别是:南宋双鱼洗一般胎体轻薄,胎色白灰,致密;足墙窄高,外底施釉;折沿宽、平、薄,折沿无孔;洗的腹壁弧度较小,火石红较浓重深沉,外壁莲瓣刻划纹路清晰、秀丽,鱼鳞为点状,纹路灵秀。元代双鱼洗一般胎体较厚重,胎色灰白,较疏松,足墙渐矮宽,外底施釉或者无釉,折沿变得窄、翘、厚,有的折沿两侧对穿4个圆孔;洗的腹壁弧度较大;火石红较浅淡;外壁莲瓣刻划纹路边界不清、朴拙,有的鱼鳞为片状,纹路略硬。明代也有少量的双鱼洗,远不如宋元两代的质量高,釉色浅淡呈灰青色,凸贴、凹印鲤鱼,外底多无釉。

宽沿洗　亦称折沿洗,南宋时期最多,洗沿平折外侈,洗外口缘多较薄利,也有唇口的。有浅弧腹的,弧度适中,也有直腹的,腹底部内折,平底。

莲瓣洗　南宋中晚期生产,洗口外撇,浅弧腹,平底,圈足。

鼓钉钵式洗　是元代龙泉窑仿照北宋钧官窑鼓钉洗所生产一种形体扁圆、洗口内敛的文房用具。

二、陈设器造型

宋、元、明三代龙泉窑生产了大批极具观赏性的高级陈设器,这些陈设器多数仿照商周时期铜器制作,也有一定数量的创新之作。

贯耳瓶　宋、元、明龙泉窑都生产贯耳瓶,其形制各异,以南宋时期的产品最多最好。

南宋贯耳瓶,一般形制较小,高不过20厘米,直口、喇叭口、盘口均有,直口、喇叭口贯耳瓶的贯耳呈短小的半圆形,贯耳的两端多数无棱。瓶身造型有球形腹、悬胆腹、筒腹等。

元代贯耳瓶基本沿袭南宋贯耳瓶的形制,但贯耳的位置有所不同。贯耳镶嵌在瓶颈部的位置,有中上、中部和中下3种,没有与瓶口平齐的。贯耳均为小圆管形状。瓶身造型有胆腹、球形腹、椭圆腹等。

明代贯耳瓶的造型与元代相似，瓶身为玉壶春瓶造型，贯耳装于瓶颈中部或者中下部，多数采用刻花装饰，有的在瓶肩部刻划回纹，腹部刻划牡丹等花草纹，直足，外底平，满釉。

环耳瓶 宋元时期龙泉窑流行的瓶式，一般为喇叭口，长颈鼓腹，在瓶颈部加装动物形耳并衔接圆环。

龙虎瓶 南宋龙泉窑典型瓶式。龙虎瓶通常是成对生产，瓶上配盖，盖上有动物形钮，瓶身周围堆塑蟠龙和猛虎，南宋中期的加配五管，晚期的无管。

盘口瓶 北宋以前盘口瓶较多，其基本造型为深盘口，盘口的外部内凹形成凹槽，长颈内束，丰肩，椭圆腹，颈部内收，圈足。元代盘口瓶以凤耳瓶为主，少有镶嵌灵芝耳、鱼耳的。

蒜口瓶 亦称蒜头瓶，仿秦汉时期陶器造型，因其瓶口似蒜口形而得名。瓷质蒜口瓶自宋代始烧，流行于元明清时期。蒜口瓶的口部作蒜头形，长颈，圆腹，圈足。

穿带瓶 南宋龙泉窑生产了多种穿带瓶；分为贯耳和无耳两种，白胎青釉和黑胎青釉均有，各有特色。

弦纹瓶 在瓶外壁制作多层凸弦纹装饰，以增强瓶体的立体感。龙泉窑弦纹瓶为侈口，束颈，胆腹。自外口至外底，通体制作凸弦纹，共有20道。

琮式瓶 仿照新石器时代玉琮造型制作的瓶式。南宋龙泉窑琮式瓶仿照商周玉琮而制，其型制为口底圆、瓶身方。

玉壶春瓶 玉壶春瓶由古代诗句"玉壶先春"得名（图2-21），是宋代以来各瓷窑普遍烧制的典型器之一。其基本形制是撇口，细长束项，胆腹，圈足。

胆瓶 传世的南宋龙泉窑胆瓶主要是黑胎青釉器，长颈，胆形腹，直足，多为龙泉大窑、溪口窑烧制，质量极高，数量极少。

图2-21　明代　龙泉窑玉壶春瓶

葫芦瓶　南宋晚期龙泉窑葫芦瓶瓶体由上下两个球腹组成：上半球直径较小，瓶颈较长，瓶口外侈明显，有无唇和出唇两种。元代葫芦瓶器形高大，瓶颈拉长，瓶口较长，有的出唇，上腹较瘦长，下腹鼓圆，圈足。明代龙泉葫芦瓶为小唇口，颈部和上腹较长。下腹浑圆饱满。

萝卜瓶　明代龙泉窑创烧，亦称萝卜尊或莱菔尊。造型有大有小，直口颈，较粗。

花觚　觚是夏商时期的陶质酒器，造型为喇叭形口，细腰，高身，平底。商代后期开始出现圈足。宋代开始仿照商周铜觚制造瓷质觚，元明清三代继续烧制，亦称"花觚"。一般器型为侈口外翻呈喇叭状，长筒形颈，筒腹微鼓，广底。

鼓凳　龙泉窑烧制鼓凳主要是明代，造型如立鼓，平面，无底，中空，座底外撇，雕成6个短腿，外底中空。

插屏　龙泉窑屏风基本呈长方形，造型较小，下面配座。

三、宗教与祭祀器具

在龙泉窑宗教与祭祀器具中，最常见的是瓷炉。龙泉窑烧制的瓷炉是当时诸窑中品种最多、产量最大的，质量上乘。北宋时期龙泉窑瓷炉的产量较少，南宋前期大量生产，出现了鼎式炉、高足炉、八卦炉、乳足炉、妆（樽）式炉。南宋中晚期多见鬲式炉、簋式炉、筒式炉、樽式炉、鱼耳炉、鼓钉炉、兽足炉、薰炉。元明时期除传统炉式外，又增加了冲耳炉、绳耳炉、兽足炉、盆式炉、方炉等品种。

鬲式炉 鬲是一种供器，早期多为陶鬲。商周时期生产大量青铜鬲。瓷质鬲式炉流行于宋元明时期。

龙泉窑生产的鬲式炉盛行于宋元时期，以南宋产品最为珍贵。南宋鬲式炉的造型大小均有，炉口径大的超过20厘米，小的不足6厘米，炉口由内向外斜折，短直颈微向内敛。扁圆鼓腹，丰满圆硕。炉肩部有一条雕刻的凸棱。下承3个乳足，足端无釉，三足根部内侧各有一个圆孔。三足外与肩部凸棱交界处向下各有一条凸棱，向下延伸致足底。在炉的外口沿、肩部凸棱和足凸棱等釉薄处，釉下泛出灰青色的胎骨，形成"出筋"，将炉身分出不同的层次。

簋式炉 簋是商周时期铜器。南宋龙泉窑粉青釉簋式炉，撇口束颈，斜肩垂腹。炉外壁两侧各镶嵌龙耳1只。

樽式炉 铜樽是商周时期常见的酒器。宋元明时期龙泉窑均有烧制，筒式炉身，装有纹饰。南宋樽式炉多为弦纹樽式炉，造型较小，弦纹樽式炉为直口，口沿宽平内折，筒腹，口底上大下小。元代龙泉窑樽式炉采用刻印花装饰，明代樽式炉形制与元代相似。

鼎式炉 铜鼎是商周时期常见的铜器。宋代各瓷窑均生产鼎式炉，其造型为立耳、深弧腹、柱足（图2-22）。宋、元、明龙泉窑也同样烧制鼎式炉。

弦纹炉 造型与樽式炉相似，因在炉身上制作弦纹装饰而得名。

图2-22　南宋　龙泉窑鼎式炉

八卦炉　多见于元代。元代龙泉窑八卦炉分为印花八卦炉和刻印花纹八卦纹,炉身造型与樽式炉相似。印八卦纹炉为内折平口,筒腹上宽下窄,内厩中心一圈无釉,呈火石红色。外沿有凸弦纹一道,腹部有印花八卦纹。炉底凸出落地,使3个如意足悬空,足脊上有凸棱一道,外底满釉。

在宗教器型中,宋元明三代龙泉窑均烧制用以供奉祭祀的人物造像,主要有观音、真武大帝、八仙、达摩、弥勒、关羽等,还有牧童、仕女、武士、僧侣等。

在宗教祭祀器中,龙泉窑还多产用以陪葬的冥器,在两宋时期盛行,多为民用,主要有多管瓶、多角瓶、魂瓶等。

多管瓶　始烧于北宋,南宋晚期绝迹。多管瓶以其镶嵌的瓶管的多少分为七管瓶、六管瓶、五管瓶、四管瓶,最多的装有20管,以五管瓶最常见（图2-23、图2-24）。

多角瓶 造型为上小下大弧形台阶的多重塔式器身，每级装有多个垂直或者斜直的圆锥角。

皈依瓶 亦称魂瓶，是一种陪葬器，基本造型为瘦长腹，细长颈，

图2-23 北宋 龙泉窑多管瓶

有直口或者蒜头状口的,附盖。器身多堆贴装饰,除龟、蛇、飞鸟、梅花鹿、马、立俑、十二生肖俑外,尚有颈部堆塑龙、太阳、虎和月亮的。

谷仓 南宋时期龙泉窑出现阁楼式谷仓,造型为长方立形,内空,前方上部镂长方窗,四边有仓柱支撑。上部有两层屋檐式建筑构成,正面有瓦当,屋顶飞檐翘角。下面一层屋脊较宽矮,同样镶嵌瓦当。仓地四角镶嵌折角围栏,下承四个底柱将谷仓支撑悬空,为杆栏式建筑,最低下为一片底板。通体施豆青釉,青翠滋润。

图2-24 北宋 龙泉窑多管瓶

第四节 装饰工艺

装饰工艺是指瓷器装饰所采用的方法和技艺,主要在瓷胎上进行装饰。龙泉青瓷历代装饰工艺主要有刻花、划花、篦划、镂雕、模印、堆贴、捏塑、露胎贴花以及混合装饰等。

刻花 亦称刻划花,是指在半干的瓷坯表面运用刀具向下凹刻出深浅不一的花纹,施釉后入窑焙烧。

划花 是指在半干的瓷坯表面用竹、木、铁等针状工具浅划出花纹的装饰方法。

篦划 是指用类似梳篦的多细针状工具在半干的瓷坯上刻划出极其浅细的纹路。因为篦划工具极似女子梳妆用的篦子,故称其纹路为篦纹。

  剔花 亦称剔刻,是指以剔除纹饰以外的空间进行胎装饰的方法。

  镂雕 亦称镂空,是指在半干的瓷坯上将装饰花纹或者几何图形内外雕通,在胎壁上形成可以透视的图案或者空间。

  模印 亦称印花,是指用事先制成的带有纹饰或者文字的模范在半干的瓷坯上印压成纹,使印花与成型一次完成的装饰方法。

  堆贴 亦称模印贴花,是指预先模印或者模压出纹样、饰物,然后再将其堆贴或者镶嵌于器物之上后施釉烧制的装饰方法。

  捏塑 是指完全依靠手工捏制塑造立体器物形体的装饰方法。

  露胎贴花 是指先将纹饰模压成型后露胎粘贴于器物表面,不施釉即入窑焙烧,在高温下通过胎中铁分子二次氧化后呈现的红褐色花纹进行装饰的特殊工艺,胎红纹饰与青翠釉色之间产生强烈的对比效果。贴于胎面的纹饰犹如高浮雕,特别显眼。

一、宋代装饰工艺

  北宋时期的龙泉青瓷胎骨多呈灰色,釉色多为艾叶青或略为偏黄的色彩,透明度和光亮度较好,装饰工艺基本上采用刻划技法,器物刻划的纹饰清晰明亮。这种表现方法是充分利用釉层厚薄所呈现出来的深浅不同的青色效果。刻划时刀法有宽有窄,有深有浅的变化,运刀的轻重缓急体现出刻线的节奏与韵律,从而赋予刻划纹舒展、流畅自如的艺术魅力。北宋初期有较密集的缠枝牡丹纹和重叠的蕉叶纹。

  北宋中晚期龙泉窑青瓷釉色主要转为青黄,这时期的纹样特点为普遍使用刻划花,装饰内容有花卉、云纹、游鱼、飞雁和婴戏等。刻花刀法比北宋早期显得犀利和粗犷豪放,划花纤巧精细。

  南宋时期龙泉青瓷装饰工艺一是以印、贴、堆的方法代替刻、划方法。前期常用的刻、划花手法,由于此时产品釉厚薄胎不易操作,加之刻出的纹样在厚釉下不易显露,因此最好的方法是改凹变凸,在胚胎上加厚,凸出的纹样施釉后,釉在高温烧成时产生流动,这样纹样的凸起部分显得清清楚楚,一般采用模具印纹饰和贴纹饰的方法。

图2-25　元代　龙泉窑印模菊花纹瓷片

二、元代装饰工艺

元代时期龙泉青瓷的装饰工艺有划、印、贴、堆、镂刻、点彩等,由南宋时的重釉色重造型转为重纹饰。元代时期产品无论大小几乎都有花纹装饰,这是龙泉当时美化瓷器的主要手段。装饰题材内容较为广泛,有各种花果、花卉、鱼纹、羽毛、人物以及吉祥图案等。并创造了双面刻花、露胎贴花等新技法以及镂雕与刻划、模印与堆贴、浮雕与篦划等装饰技法的有机组合(图2-25)。

三、明代装饰工艺

明代龙泉窑青瓷的装饰方法基本承袭了元代的刻、印方法,图案有山水人物、历史故事、二十四孝等故事画面。此外还有碗底印鹿,上方有福寿等字样,如"金玉满堂"、"福如东海"、"长命富贵"。明代龙泉窑盛行人物、历史故事纹饰,一般都是在碗的内壁上模印(图2-26)。同时还盛行将水果、树木作为装饰题材,在瓶、执壶、炉等器物上刻划果木纹饰,风格写实。但是明代龙泉窑产品在纹样的结构、形象以及刀法上比元代大为逊色,釉色也灰暗了许多,工整规矩的纹饰中都显得呆

图2-26　明代　龙泉窑模印人物故事纹碗

板,刻花常常按照花纹外形运刀,至于运刀的轻重、起落、宽窄、粗细都不甚讲究,缺乏那种节奏和韵律的感染力。

四、清代装饰工艺

　　清代龙泉青瓷因趋于停烧,产量很少,装饰工艺也十分简单,缺乏创新。装饰题材也大幅减少,纹饰雷同呆板,工艺粗糙。主要以花卉纹为主,模印凸出,呈半浮雕状。

注释

①[明]陆容撰:《菽园杂记》卷十四,中华书局1985年版。
②陈万里著:《陈万里陶瓷考古文集》,紫禁城出版社1997年版。
③[明]陆容撰:《菽园杂记》卷十四,中华书局1985年版。
④浙江省博物馆编:《青瓷风韵——永恒的千峰翠色》,浙江人民美术出版社1999年版。

第三章 瓷业经济与瓷业社会

第一节 流通渠道与对外贸易

我国自汉代开辟西域丝绸之路,将早期瓷器传播到西亚诸国以后,唐三彩陶、唐白瓷和越窑青瓷继而畅销海外。宋元之际,我国瓷器通过海运大量销往海外,被称为"海上丝绸之路",并由此引发了世界范围内对中国瓷器需求的激增和追捧,各国竞相学习、效法中国陶瓷工艺。到了明代,中国已经成为世界瓷器的主要生产国和出口国。在众多的外销瓷器中,龙泉青瓷以其釉色青翠、造型优美,成为许多国家珍爱的瓷器,并至今不衰。龙泉青瓷在世界上输出范围之广、数量之多、存世量之大,为其他瓷器所不能相比。

一、主要流通渠道
1.官方流通渠道

为了发展经济,扩大海外贸易,从唐代到元代的封建王朝创建并完善了市舶司制度。即在一些通商口岸设立由朝廷派驻的专门机构,统一署理、经营陶瓷出口事务,相当于我国最早的官方外贸管理机构。龙泉青瓷的外销与历代市舶司制度有着密切的关系。

唐代是我国空前强盛的封建帝国,制瓷业蓬勃发展,唐三彩、长沙窑彩瓷、越窑青瓷和邢窑白瓷等陶瓷制品成为对外贸易的重要品种。为了适应陶瓷贸易的出口需要,唐代首创了市舶司制度,唐开元初年,朝廷在通商口岸广州设置市舶司,将大宗瓷器经广州运销海外诸国。同时,许多阿拉伯人纷纷来我国经商,大多长期居住广州。阿拉伯商人将我国瓷器由广州港贩运到南海诸国,再转运其他国家,最远到达北非的埃及等国。所以,在埃及和伊朗、巴基斯坦、印度、菲律宾以及朝鲜、日本等国,均出土了唐代瓷器的残片。

北宋太宗于开宝四年(971)灭掉南汉,攻占广州之后,即在广州设市舶司。继而于端拱二年(989)又在杭州设两浙路市舶司,淳化三年(992)移市舶司于明州(今宁波)定海县,次年又迁回杭州。宋真宗咸平二年(999)在杭州、明州各置市舶司,哲宗元祐二年(1087)设立泉州市舶司。南宋时期,北方制瓷业已经置于金人控制之下,切断了北宋王朝原有的出口瓷器来源。宋金南北对峙,宋高宗偏安一隅,国土缩小,财政拮据,因此更为重视发展包括制瓷业在内的手工业,进而开发海外贸易,以此补充财政收入。这就促使市舶司制度进一步发展,于是龙泉青瓷具备了大量出口的条件。

元朝统治者非常重视海外贸易,继续完善市舶司制度。陆续在泉州、广州、杭州、庆元、上海、澉浦等地设置市舶司,分别管理海外贸易事务。元代市舶司设在沿海诸港,主要依托东南沿海地区的瓷窑,承担生产外销瓷器的任务,具有地利之便,也促进了龙泉青瓷的外销。

唐、宋、元三代持续沿袭市舶司制度,使龙泉青瓷得以远销世界各国,尤其在宋元时期,海外贸易高度发展,瓷器成为海外贸易的主要商品。这个时期外销的龙泉青瓷遍布亚、非、欧三大洲,外销量达到了历史最高水平。外销量的激增反过来又刺激了龙泉窑不断改进和提高工艺水平,精益求精地提高产品质量和装饰,使宋元时期成为龙泉青瓷历史上的鼎盛时期。

2.民间流通渠道

徐渊若在其所著的《哥窑与弟窑》中,曾记录了民国初期龙泉青瓷在民间销售流通的情况。当时主要销售地是上海,龙泉人将自己获得的历代青瓷出售给上海的"花旗庄"和"东洋庄",前者主要收购龙泉青瓷大件销往美国,后者主要收购小件销往日本。即使是当时仿古青瓷也同样受欢迎。美国人往往将瓶类龙泉青瓷除去瓶盖改造成台灯,而将炉类青瓷改做烟灰缸,盏、盂类青瓷则用来养花其他高大件品则陈列观赏。

当时龙泉人到上海出售瓷器,大多住在四马路新同华旅馆、爱多亚路的亚洲饭店和三马路的老惠中、画锦里等,如果有了珍品,则必定到位于法租界的霞飞路上、上海有实力的古董商李文清处,一般能卖个好价钱。当时上海的古董商都聚集在棋盘街怡园茶楼,一旦遇到有上好的龙泉青瓷佳品出售,如果个人购买经济实力不济,就合资购买,如果遇到叫价过高的出售者,这些古董商就合力贬价,甚至以不正当手段夺取。只有李文清从来不去怡园茶楼,他有直接将收购到的龙泉青瓷销给洋人的渠道,而且许多商界大家也托他收购上好的龙泉青瓷珍品,出手都十分阔绰。所以,龙泉人有了珍品愿意直接去找李文清销售。也有将龙泉青瓷送往静安寺路一名叫哈子达的人销售,此人专做"东洋庄",直接将龙泉青瓷销售给日本人。[①]

据1932年龙泉商会资料显示,瓷业是归牙行转运业,因为在分散生产和较长周期运输的销售体系中,商人控制和掌握了龙泉瓷业的销售。但龙泉当地开瓷碗店的商人大多是直接向龙泉瓷器生产作坊订货。抗战开始后,由于龙泉瓷器的市场需求量增加,这样的销售情况才有所改变。[②]

二、对外贸易地区

龙泉青瓷的大宗外销是从南宋开始的,当时越窑、长沙窑和邢窑等传统出口陶瓷已经衰落,龙泉窑继而代之。南宋王朝在温州设市舶司以后,为龙泉青瓷产品的外销创造了更为有利的条件。大量优质青瓷沿着瓯江、松溪顺流而下运抵温州,再由温州等商埠运销国外。据史料记载和各国出土的龙泉青瓷器物和标本来看,龙泉青瓷外销国家的范围是相当广泛的。

首先,龙泉青瓷外销是东亚地区,最主要的输出地是日本。无论从历史渊源、人文理念,还是生活习惯、文化背景,中国与日本都具有千丝万缕的联系。产于中国的龙泉青瓷对于日本来说具有极大的亲和力和认同感。龙泉青瓷销往东亚的国家主要是日本。自唐宋以来,日本成为中国瓷器的主要进口国之一,购买了不计其数的中国瓷器。日本对我国宋代瓷器尤为推崇,将宋代汝官窑、钧官窑、南宋官窑、龙泉窑和建窑的瓷器奉为珍宝,一些珍贵的瓷器至今仍被收藏在博物馆中,当作国宝级文物珍藏。龙泉青瓷从其销往日本开始,就具有强大的吸引力,受到了日本人的喜爱。

其次,龙泉青瓷的销售地区是东南亚。其中包括越南、菲律宾、缅甸、巴基斯坦、印度、马来西亚、印度尼西亚、苏门答腊、孟加拉国等,这些国家出土的龙泉青瓷,数量可观。

第三是西亚地区。西亚以至中东地区对我国龙泉青瓷的进口量也很大,许多国家都有龙泉青瓷出土。阿富汗、伊朗、伊拉克、叙利亚、黎巴嫩、沙特阿拉伯等都曾出土过龙泉青瓷。

第四是非洲地区。非洲是龙泉青瓷销往的最远地区,主要集中在北非的沿海国家,即今天的苏丹、埃及、利比亚、突尼斯、阿尔及利亚、摩洛哥、亚速尔群岛和马德拉群岛地区。苏丹的埃德哈布港与埃及交界,是北非重要的港口。这里出土了大量的中国唐、宋、元、明的瓷器残片。埃及是出土龙泉青瓷最多的非洲国家,在开罗古城福斯塔特遗址出土了从北宋晚期到南宋时期的龙泉青瓷残片,元代的出土量最多。坦桑尼亚科尔华岛附近的松哥马纳拉岛,曾发现过宋末元初的龙泉青瓷。南也门的津吉巴尔遗址、考德安塞拉和阿哈布尔等地也有南宋龙泉青瓷的踪迹。

第二节 行业社会与技艺传承

一、龙泉行业社会形态

历来陶瓷著述都注重产品工艺发展历史,即着眼于产品工艺本身和其演变,却很少从社会学的角度去涉及陶瓷名窑遗址历代民间行业社会的状况,由于缺少文献资料,使得我们对瓷业经济运作方式、行业文化与习俗、生产技术体系和技艺传承的了解和研究有相当大的难度。笔者在对龙泉窑遗址的第一次考察中,曾经记录了龙泉瓷业烧窑习俗,并在拙著《中国名窑地图》中记述。

过去龙泉建窑首先要请风水先生择定吉地和黄道吉日才能开工。建窑日严禁儿童、孕妇入窑池,也不许有人挑粪桶从窑地前经过,以防触犯神灵,降祸于窑。开工时,要在窑地设祭礼神,以求烧出好瓷器;瓷器入窑要择三、六、九的日期,并要祭祀祖师、山神、土地。在入窑的整个过程中要讲吉祥语,要严禁秽物经过,防止秽气入窑,影响烧窑。龙窑、鲤鱼窑的窑头,都张贴着"师父榜",即哥窑和弟窑的创始人章生一、章生二。师父榜除祀师神位外,并附祀山神、土地、搬水章子、运水郎君。每逢农历初二、十六两日,瓷匠必须置办酒肉、茶饭、点香烛在窑头师父榜前祭祀,磕头膜拜,然后分食祭品,俗称"过日";而农历七月十八日为祭窑日,俗传这一天是哥窑祖师章生一"窑变瓷器"制成的日期。届时窑匠要沐浴斋戒,在祖师爷的香案上放置用面捏成的童男童女,在窑头师爷榜前设祭,点香烛跪拜,祈求祖师保佑烧出优美瓷器;窑工在窑场用膳不能说话,用膳时碗筷不能碰响桌子,也不能把筷子架在碗上。在龙泉不管是建瓷窑、瓦窑、炭窑时,在窑旁都要立"窑公"。开窑点火必先祭祀"窑公",并备酒肴请师傅,这叫作"做窑福"。

浙江省丽水学院人文学院教授吕鸿与法国国家科研中心、巴黎东亚文化研究所副研究员赵冰在《从地方档案窥视民国时期龙泉瓷业社会》一文中所附《民国龙泉民刑档案涉及瓷业纠纷卷宗统计表》和相关附录,让我们有幸从这些民国龙泉文献中,了解龙泉窑遗址民国行业社会的一些情况。③

《民国龙泉民刑档案涉及瓷业纠纷卷宗统计表》共列民国期间发生的瓷业纠纷40件,其中涉及盗挖瓷土纠纷6件;涉及建窑、烧窑所需木材砍伐纠纷3件;涉及碗窑、碗厂买卖纠纷4件;涉及瓷器(瓷碗)担保、买卖纠纷的6件;涉及窑工工资纠纷的1件;租赁生产设备纠纷1件,其他瓷业纠纷19件。

在盗挖瓷土纠纷中,主要是采挖瓷土者因涉嫌毁坏他人墓地、祖坟而涉讼,也有越界挖掘瓷土的纠纷;同样,在砍伐烧窑所需材禾的纠纷中,砍伐者也主要是涉嫌侵犯他人财产所有权。从中也能看到民国时期,龙泉瓷业社会主、副行业之间摩擦不少,瓷土与木材的所有权归山林主人或墓地所有人,制瓷和建窑、烧窑者显然经常涉嫌采用非法手段获取这些原材料,并引起讼争。

此外,瓷碗厂买卖、租赁也是民国龙泉瓷业社会的常态。龙泉市档案馆藏有民国时期黄萼记业主与合成实业公司租窑合同,从其合同的内容可以看出当时龙泉瓷业租赁情况。

> 兹有坐落龙泉八都黄岭头盌窑壹条、厂屋贰植、火间壹植、堆套间贰间、以及装盌应用器具(什数另单记载)。并坐落香炉山下捣泥水碓(用于碾瓷土——笔者注)壹座、干塘四口、水塘贰口、碓屋壹间。由黄萼记业主以全部出租与合成实业公司,兴工修理、常年制造瓷盌。订定全年缴纳业主窑租本窑出品碗拾担。按次陆续缴付水碓租谷陆拾勋,不得短少。双方设订条款开列于后,藉资互相遵守此照。
>
> ……

今将窑厂碓屋器具等项名称数量简列于左。

厂屋门：瓦窑屋壹植（内晚窑壹支计念贰间）、瓦屋窑间（上中下叁坪共叁间）、瓦屋厂间壹植（碗架齐全）、瓦楼屋火间壹植（计贰间）。

器具门：泥杓壹只（泥碓用）、铁板壹把（泥碓用）、碗车陆辆（车架车凳齐全）、车凳五支、做碗泥罐七口、线车壹辆、铁泥锹贰把、泥板叁条、碗桥肆伯五拾条、寿斗模七节（每节拾陆个共计壹百壹拾贰个）、连汤模壹节（计拾陆个）、法工模柒节（每节拾陆个共计壹佰贰拾个）、大斗模壹节（计拾陆个）、亚三大模壹节（计拾陆个）、线花上模壹节（计拾陆个）、线花下斗模壹节（计拾陆个）、汗汤模贰节（计叁拾贰个）、线花饭模壹节（计拾陆个）、线花炉二模贰节（计叁拾个）、线花炉上模壹节（计拾陆个）、线花六寸模壹节（计拾陆个）、线花五寸模壹节（计拾陆个）、高三大合四大模壹节（计拾陆个）、面桶碗模（大小贰个）、釉桶伍个、小水桶壹只、水桶壹担、过釉架叁条、碗套大小（共计壹万柒仟叁佰拾五个）、铁照钩肆支、套刀六把、装窑桶盆贰个、套板肆佰叁拾贰片、方桌壹条、板凳肆条、过釉铁锅壹只（叁尺贰寸）。

水碓门：水碓瓦屋贰植、车轮壹副（车心车撑月板雷公箍碓棱等具全）、水床壹个（闸门齐全）、瓦屋旱泥塘四口、洗净泥干叁塘、水柜壹座、水碓陆个（铁帽大小垫具全）、洗泥水塘贰口。

右单列窑厂碓屋器具等项均经双方面全点明。俟租赁壹年期满，承租人照单点还出租人。倘有损坏当由承租人负责赔偿，不敢藉此推诿。特此定明。

从这份租赁合同中不难看到，民国龙泉厂窑租赁不仅包括窑屋厂房、设备模具、水碓等，还包括了瓷土（泥干）；租赁费以瓷碗、稻谷等实物支付；租赁期也不长，仅为一年，估计一年内的产量和经济效益也不错。另外民国时期龙泉当地烧制的实用瓷器均以模具成型，与《菽园杂记》中描述的明代龙泉瓷器模具成型的记载相似。

在另一份民国龙泉瓷业档案中,记录了窑工的日常生活。一个40岁的瓷商开了一家碗厂,厂里有作坊一间、窑一条,住房数间。聘着一位帐房先生和四个做碗的工人,其中一个工人只管画花,不做其他事情,另外还有一个烧窑的工人。有三个做碗工人和一个烧窑工人吃住在厂里,四人公用一间住房,一个工人每天回家。农历八月该厂共烧了四窑瓷器,中秋节也不停工,夜间还要继续工作。有的工人还到其他窑厂去做散工(临时工)。④

二、龙泉瓷业的技艺传承

中国历代瓷业技艺的传承一般是传统的家型作坊内部狭隘的师徒型和世袭型的传承关系,龙泉瓷业也不例外。

在钟琦所作的民国时期龙泉窑停烧后青瓷技艺的传承调查中,列出了李家、张家和龚家传承谱系,分别涉及了民国时期龙泉地方三座家族窑厂——李生和窑、张义昌窑厂和龚三兴窑厂。这是比较典型的家族式、世袭型技艺传承模式。⑤

另外就是师徒型的传承模式。在民国期间,龙泉西乡制作日用瓷碗的窑工中流传着这样一个师徒技艺相传的故事。相传清代咸丰年间,福建德化人蒋耀精来龙泉西乡木岱一带建窑烧瓷,这个时候龙泉本地窑业一度失传,所以当地跟着蒋耀精学烧瓷器的人很多。不久,德化人梅二师也来到了龙泉西乡,与蒋耀精一起主持西乡窑长达数十年。后两人年老返乡,弟子依依相送,两人却没有把烧窑秘诀传授给弟子,弟子仍相送至三十多里,蒋、梅两人终于有感于弟子的桃花潭水深情,于是将自己的烧窑秘诀传授给了自己的弟子。⑥

直到解放初,龙泉瓷业的技艺传承仍然沿袭着师徒型的传承模式,当代中国工艺美术大师、国家级"非遗"龙泉青瓷传承人徐朝兴在1956年13岁的时候,入龙泉瓷厂拜著名老艺人李怀德为师,从此开始了结缘

图3-1 当代中国工艺美术大师徐朝兴

青瓷的人生道路（图3-1）、（图3-2）。⑦

1912年，龙泉人蔡龄相继开办了瓷业传习工场和附设省立改良陶瓷传习所，下设五个工场：琢器、圆器、大雕、小雕和注浆。此举改变了龙泉瓷业传统的家型作坊内部师徒型和世袭型的瓷业技艺传承模式，并开创了现代陶瓷教育新形式。首届招收龙泉当地40名高小毕业学生为学徒，上午上课，下午做工，注重陶瓷绘画学习，但没有注意将众多不识字的陶工招收入学，办学10年，毕业生能够掌握制瓷技艺的并不多。

1934年，宝溪乡乡长陈佐汉邀本乡瓷工李怀德、张高岳、张高文、张照坤、许家溪等组织成立仿古青瓷研究小组。龙泉民间仿制古青瓷的热情，使青瓷生产技术和工艺一定程度上得到了复承，也开创了龙泉瓷业传承地方学术研究组织的先河。

1943年9月，陈佐汉等人针对当时多数瓷窑主陈守旧法，不思进取之弊端，决意联合各瓷业主，潜心研究瓷器改良，为此首先发起成立龙泉县八都区瓷业改进委员会组织之倡议，获得广泛响应，报名入会业主共

图3-2 徐朝兴大师作品:青釉多管瓶

38人，遂即召开成立大会，公推陈佐汉、毛仁等七人为常务委员，毛仁为主任。将大会记录、《组织简章》等呈送县政府批准，县长徐渊若批示：会名应改为八都区瓷业改进研究会。

1944年6月，八都区瓷业改进研究会成立，6月30日，龙泉县政府发给《人民团体立案证书》。"瓷业改进研究会"自成立之日起就着力于瓷器的改良，提高和稳定了产品质量，并对失传的南宋龙泉窑制瓷技艺进行了深入研究，经多次试验，终获成功。⑧

注释
①[民国]徐渊若著：《哥窑与弟窑》，百通（香港）出版社2001年版。
②吕鸿、赵冰：《从地方档案窥视民国时期龙泉瓷业社会》，载[法]蓝克利（Christian Lamouroux）主编《中国近现代行业文化研究——技艺和专业知识的传承与功能》，国家图书馆出版社2010年版。
③[法]蓝克利（Christian Lamouroux）主编：《中国近现代行业文化研究——技艺和专业知识的传承与功能》，国家图书馆出版社2010年版。
④吕鸿、赵冰：《从地方档案窥视民国时期龙泉瓷业社会》，载[法]蓝克利（Christian Lamouroux）主编《中国近现代行业文化研究——技艺和专业知识的传承与功能》，国家图书馆出版社2010年版。
⑤钟琦：《田野研究：龙泉窑停烧后龙泉青瓷的技艺传承》，载[法]蓝克利（Christian Lamouroux）主编《中国近现代行业文化研究——技艺和专业知识的传承与功能》，国家图书馆出版社2010年版。
⑥[民国]徐渊若著：《哥窑与弟窑》百通（香港）出版社，2001年版。
⑦《徐朝兴从艺五十周年回顾展作品集》，中国美术学院出版社2006年版。
⑧吕鸿、赵冰：从地方档案窥视民国时期龙泉瓷业社会》，载[法]蓝克利（Christian Lamouroux）主编《中国近现代行业文化研究——技艺和专业知识的传承与功能》，国家图书馆出版社2010年版。

第四章 时代背景与文化影响

第一节 社会环境与生活方式

　　中国历史上陶瓷名窑的发展和鼎盛都受到了当时、当地的政治、经济和文化等社会发展水平的影响和制约。龙泉窑在南宋时期发展到了青瓷艺术的顶峰,执我国南方青瓷业之牛耳,与南宋至元代社会环境有着极其密切的关系,反映了这个时期时代背景和文化影响。

　　1126年,金兵大举进兵南下,翌年攻占北宋东京汴梁(今开封),俘虏徽、钦二帝,北宋灭亡。宋钦宗的弟弟赵构(高宗)继位,建立南宋政权。宋高宗建炎三年(1129),赵构至临安(今杭州),绍兴八年(1138)正式定都杭州,形成了宋金南北对峙的格局。南宋王朝的建立,不仅导致汉族政权的政治、经济、文化中心的南移,北方的王公贵族和能工巧匠也随之大批南下。正如陆游所描述的,"大驾初跸临安,故都及四方士民商贾辐辏",江南各州郡的人口剧增。而北方金兵大肆烧杀抢掠,使中原地区的经济遭到毁灭性的破坏,北方多数瓷窑相继停产,制瓷业受到重创。

　　南宋朝廷偏安南方后,由于大量宫廷祭祀金银铜器都留在了北方,为此只能发展制瓷业,用瓷质祭祀器代替金银铜器,从现今传世和出土的各种龙泉青瓷陈设器、礼器、祭器中也可窥见一斑。同时,因金人抢掠,北宋宫廷原有的名窑青瓷也已荡然无存,为了满足宫廷和达官贵人的用瓷,也急需发展瓷业生产。南宋朝廷向来崇尚青瓷,因此十分热衷于恢复生产高级青瓷,于是先后在杭州附近设立了修内司和郊坛下两座官窑,"袭故京遗制",为其生产宫廷用瓷。但在两座官窑建立后,其产品依然供不应求。宫廷不能不选择其他供瓷来源。此时南方的越窑、瓯窑和婺窑已经衰落,而龙泉地区未受战乱波及,长期和平安定,制瓷业已相当发达。在修内司官窑和郊坛下官窑建立之前,制瓷水平很高的龙泉窑成为宫廷用瓷的首选窑口,大量生产贡瓷。这就为后来龙泉青瓷走向艺术顶峰、跻身宋代著名青瓷行列提供了天时地利的条件。

为了制作高水准的青瓷产品,少不了技艺精湛的陶瓷艺匠,而此时,随宋王朝南下的精湛技艺陶瓷工匠就为提高龙泉青瓷产品质量提供了技术支持。南宋皇室南下时随带了大批的陶瓷能工巧匠,这些陶瓷艺匠曾烧制过高质量的官窑青瓷,这就对龙泉窑青瓷产品质量的提高起到了示范和推动作用。南宋龙泉窑青瓷吸收了官窑的优点,不断完善和提高工艺技术,从传世和出土的南宋龙泉高级青瓷看,在工艺、形制、胎质、釉质、釉色、纹饰上均与南宋官窑器相差无几,等量齐观,有的方面甚至超过官窑器。

南宋王朝初期由于库府的财力十分匮乏,急需增加财政收入,而陶瓷贸易是补充财政收入不足的重要来源。于是南宋立国后继续推行市舶司制度,极力发展陶瓷对外贸易。随着对外贸易的发展,青瓷大批运销国内外。当时南宋政府的收入,有"东南之路,舶商居其一"之称。南宋时期的龙泉青瓷已经享誉海外,是深受欢迎的贸易商品。由于通商港口的增加,龙泉青瓷有优越的运输和出海之便,外销量猛增,其范围之广,几乎遍及整个亚洲和非洲的大部分地区,计有40余个国家和地区。龙泉青瓷在外销陶瓷中居于领先地位,其他陶瓷只能望其项背。

江浙地区历史上素有鱼米之乡美誉,商贾云集,工匠辈出。当时的农业、丝绸、纺织、金银和玉石等手工业极为发达,物业兴旺,应有尽尽有。皇室、达官贵胄生活奢靡，追求享乐，追捧青瓷，不惜耗费钱财，在这种风气的影响下，龙泉窑除生产传统民用生活用瓷之外，也生产高档的青瓷以满足时尚。在两宋之交前后，在皇室、官吏的倡导和支持下，龙泉大窑、溪口的部分瓷窑，以两宋官窑青瓷为楷模，对龙泉青瓷的品种、造型、装饰和工艺进行了重大改革，生产出白胎厚釉和黑胎厚釉两种高级瓷器。

元代时期，龙泉青瓷仍然得到了继续发展的机会。

元代初期由于战争和民族矛盾，我国的经济、文化受到了重创，一度对龙泉青瓷的发展产生了消极的影响。之后蒙古统治者逐渐懂得，要建立和延续一个疆土横跨亚欧的庞大帝国并且使其强盛富足，恢复、发展经济和文化是唯一的选择。忽必烈登基以后，非常重视蒙汉民族之间的交流和融合，采取了缓和民族矛盾、吸收汉族优秀文化等措施，借以发展经济，巩固政权。

龙泉青瓷早在宋代已为世界各国所接受，是最受欢迎的商品之一。元代统治者也看到了龙泉青瓷的国际影响和经济潜力，继续把它当作出口的大宗物资，展开了更大规模的青瓷贸易。元代政府继承了唐宋以来的市舶司制度，先后在上海、宁波、澉浦、杭州、温州、泉州和广州设置市舶司，在这样的条件下，龙泉青瓷的产量和出口量激增，均超过了宋代。

伊斯兰国家对龙泉青瓷十分喜爱，他们习惯聚餐，许多人喜欢围坐一圈，中间放置盛满食物、水果的大型器具，手抓进食。这些国家需要从中国进口大批形制巨大的食器或者容器，如杯、盘、碗、罐、瓶等。

与此同时，在国内，龙泉青瓷也成为宫廷和民间的大宗用品。元代龙泉窑继续烧制贡瓷，以满足宫廷和蒙古族宴宾、陈设、祭祀等用器的需要。另外，龙泉青瓷因产量大而价格便宜，又可以制作各种形制较大的器物，能够满足各种生活和陈设的需求，所以仍是元代最受欢迎的瓷器品种之一。

第二节　审美时尚与人文内涵

中国传统文化对玉的审美情趣，造就了文人雅士内敛婉约、典雅含蓄的文化特征，同时也成就了青瓷的品格。尤其以宋代文人士大夫为典型，其审美情趣成就了中国陶瓷文化的顶峰之作——宋代青瓷。包括北宋汝官窑、南宋官窑、龙泉窑等，成为中国陶瓷文化中"后无来者"的千年绝唱和永恒的千峰翠色。

宋代的审美趣味是时代的产物，随着北宋对北方用兵的一再失利，以及对王安石改革的失望，整个社会逐渐转向温和的立场，最终导致宋代精神文化转向内向，也使得士大夫的审美趣味更注重内心的审美体验，追求内心世界的自我完善。宋人的兴趣从沙场建功转到了精神文化的创造上来了，人文活动占据了士大夫大部分日常生活，作画赏瓷、听琴玩玉、焚香品茗、玩碑弄帖、谈禅论道，即使在宋诗中也难再看到唐人的"功名只向马上取，真是英雄一丈夫"（岑参《送李副使赴磧西官军》）的豪壮气概。

玉在中国人的眼里，是天地日月之精华，可通神灵。中国传统文化更赋予玉以独特的含义。《荀子·法行》里有孔子论玉的一段话："夫玉者，君子比德焉。温润而泽，仁也。缜栗而理，知也。坚刚而不屈，义也。廉而不刿，行也。折而不挠，勇也。瑕适并见，情也。扣之，其声清扬而远闻，其止辍然，辞也。故虽有珉之雕雕，不若玉之章章。《诗》曰：'言念君子，温其如玉'。此之谓也。"①儒家主张"君子比德于玉"，以玉喻示了人的许多美德，因此历来受到重视。在远古时期，玉还曾经是重要的礼器，在金文中，"礼"字的结构，是在一个器皿中盛两串玉具以奉事于神。也就是说，远古时祭祀用的器具大都是玉器。不仅如此，玉还是帝王及有身份的人佩戴的吉祥物，所谓"古之君子必配玉"。对于普通人来说，玉更是难得之物。

但我们知道，中国人自古"君子比德于玉"主要是指白玉，即所谓"温润而泽"、"瑕不掩瑜"、"气如白虹"。为什么对青色也会如此钟爱呢?这主要源于汉民族的传统色彩观和对大自然的热爱。

汉民族的传统色彩观源于五行五色观,青、赤、黄、白、黑对应了五行的木、火、土、金、水,同时也对应了东、南、中、西、北。青对应的木象征了万物始生,草木欣欣。青又对应东方,"青是东方正","正"是"正色",相对于"间色"而言有正宗的含义。因此,青色很受汉民族的欢迎。②其次,古人对青色的推崇,也受到了大自然色彩的巨大影响。"科学研究表明,人眼在明亮处对波长为555纳米的绿色光最敏感,在黑暗处则对波长为507纳米的青色光最敏感。而历代青瓷的分光反射率峰值恰好波动在450~600纳米的波长范围之间。由此可知,人们对青瓷的尚好,实际上反映了视觉器官的生理本质需求,也体现了人类对美丽大自然的依恋之情。"③碧绿的湖水、青翠的山坡,郁郁葱葱的山林和湛蓝的天空,给古人留下了舒畅的视觉记忆,这是无法用语言表述的色彩的旋律,同时古人又赋予青绿色更多的文化内涵。

在这样的文化背景下,青瓷那碧玉般的质地和如大自然青翠的色彩十分符合中国人的"崇玉"、"崇青"心理,因此,有着青玉一般色泽和质感的青瓷,就成了人们追捧的对象。反过来古人对白瓷不很重视,认为白瓷太刺眼,锋芒毕露,而青瓷温柔敦厚,委婉含蓄,能变幻出许许多多不同感觉的青绿釉色,既体现闲散淡远的自然色彩,又符合中庸、中和的儒家思想。

龙泉青瓷从南宋中晚期起,先后创烧出粉青、梅子青等釉色,釉层丰厚滋润,釉色温柔动人,仿佛用翡翠雕琢而成,形成了所谓的"类玉"的瓷质和类似大自然青绿的色彩,受到了当时内敛婉约、典雅含蓄的宋代文人雅士的追捧。同样,当今人们对宋元龙泉青瓷的钟爱,也因为其有着象翡翠玉般的釉色,因此也像珍爱翡翠那样珍爱它,同样反映出"崇玉"的审美时尚与人文内涵。

第三节 文化影响与产品认证

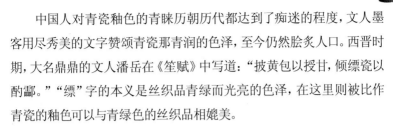

中国人对青瓷釉色的青睐历朝历代都达到了痴迷的程度，文人墨客用尽秀美的文字赞颂青瓷那青润的色泽，至今仍然脍炙人口。西晋时期，大名鼎鼎的文人潘岳在《笙赋》中写道："披黄包以授甘，倾缥瓷以酌酃。""缥"字的本义是丝织品青绿而光亮的色泽，在这里则被比作青瓷的釉色可以与青绿色的丝织品相媲美。

唐代诗人陆龟蒙写了一首《秘色越器》诗，对青莹雅致的青瓷赞誉道："九秋风露越窑开，夺得千峰翠色来。好向中霄盛沆瀣，共嵇中散斗遗杯。"将青瓷的釉色喻为"千峰翠色"，真是精彩绝伦。

五代后周皇帝柴荣在位时，主管烧造瓷器的大臣向他询问拟烧造青瓷颜色时，柴荣批道："雨过青天云破处，这般颜色做将来。"将青瓷的釉色比作"雨过天青"堪称绝妙。

亲自到过龙泉的人，见过那郁郁葱葱的青山，看过那青碧如水的天空，一定会情不自禁地赞叹，原来青瓷的颜色与这山水天空之色如此相似，龙泉青瓷色本自然，有着大地、天空之美。

釉色是青瓷艺术形式美的极重要因素，釉色之中饱含着窑匠们对大自然独到的感悟。《考工记》记载："天有时，地有气，材有美，工有巧，合此四者，然后可以为良。"④即季节气候，地理环境，材料的自然美感，人工的巧作这四个因素才能创造出精良的器物，天时，地气，材美，工巧这四者的相合，就是自然因素与人为因素的相合，中国陶瓷艺术的"自然"作为重要的审美标准，这种"自然"是在人为因素巧妙的作用下将自然现象直接表现出来，以达到"天人合一"的境界。

中国古代哲学强调"天人合一"，这是中国传统哲学中最具根源性的一个观念。老子认为天下事物是由道中产生的，而道则是本乎自然，也是有一定规律的。这种思想是中国传统美学中"观物取象"的命题的扩大延伸。

龙泉青瓷从早期青瓷的青黄、淡黄到后来的粉青、豆青、梅子青等色，浓艳浅淡，均以青色为时尚，组成层翠欲染的"千峰翠色"和幽雅的

"雨过天青"之雅,兼得苍天、青山、绿水、碧玉之万般灵秀。这融和着山水之色、大自然灵魂之色的青绿,一旦沾染附着于瓷器,立刻提升了青瓷的品位。

龙泉青瓷表现出的中国自古以来人与自然和谐统一的人文思想,对后世产生了巨大的文化影响,历代作品中既有自然界的山山水水、花鸟鱼龙,又有人类自身,总是执着地追求人与自然和谐统一。陶艺家们从自然物象中体会到宇宙自然的韵律,他们逐渐意识到怎样的形式美化器物,才能使器物与自己的心灵相通,才能体现自己的情感。这种追求主体身心节律与对象自然节律之间的契合协调,从自然造化中吸收营养的美学思想,反映着中国人对美好生活和美好事物的艺术化的追求,同时也是对生活的真情体悟,成为中国传统文化的典型代表。

龙泉青瓷产品质量的认证与历史上其他著名陶瓷产品一样,由于主要以经验性、直观性和写意性为主,加上瓷器烧制的不可预见性而并没有一个统一的标准,瓷器的质量与品质往往以历代艺匠的直觉和文人士大夫感性审美认知而定。

从民国时期徐渊若在《哥窑与弟窑》一书中对龙泉瓷的研究开始,绝大数的研究著述多围绕历代龙泉青瓷的特点展开,如胎骨、釉色、开片、花纹、款式等,以及仿制品的烧制和赝品的辨识,几乎没有统一的产品质量认证的客观标准。对龙泉青瓷质量认知仍停留在经验、感觉和个人喜好方面,其中争议最大的就是对梅子青釉色的认识。

石少华在《龙泉青瓷赏析》一书中,涉及了龙泉青瓷釉质优劣的一些标准,笔者在这里简要地引用一些内容。该书指出:釉质的优劣是由釉层薄厚、透明度、亮度及质感,釉下气泡、矿物颗粒分布状态和釉的玻化程度等因素决定的。区分龙泉青瓷成品釉质的优劣,除其釉料制作、施釉和焙烧工艺外,还可从下列4个方面加以区分。

(1)玻化程度:按照玻化程度的分期,龙泉青釉可以分为玻化初期、玻化中期、玻化晚期和完全玻化四个时期。在一般情况下,玻化初期的釉的气泡数量较多，直径小而均匀，未熔石英很多。尚有无数小晶体均匀分布在釉层中，这时釉的透明度很差，釉面呈木光；玻化中期和晚期时，部分气泡逐渐变大，接近釉面的气泡逐渐逸出，使气泡数量变少而直径变大，未熔石英颗粒数量逐减，这时胎釉交界面上和釉层中开始生成棒状或者放射状的硅灰石晶体，给人以釉层半透明，釉面光泽较强的感觉；完全玻化时，气泡数量锐减但平均直径增大，釉层中未熔石英颗粒和硅灰石晶体大部分熔于玻璃体中而不再多见，胎釉交界面上的硅灰石晶体有时继续发育，北宋龙泉青釉就是如此。

(2)气泡和矿物质状态：气泡的大小、聚集程度、透明度等因素决定了釉质的颜色、观感、硬度和光洁度。釉中残存的石英颗粒和其他矿物体的形状、分布、密度，对釉的透明度、质感以及光反射度都有影响，也以此作为衡量瓷釉玉质感的重要标准。一般气泡和矿物质较多、分布密集的釉层的乳浊程度就高一些，反之就低一些。釉层中的气泡和晶体的数量和大小与玻化程度有密切关系。一般来说，在玻化初期时，气泡数量较多，形体小而均匀，未熔石英颗粒很多，还可以看到小晶体均匀地分布在釉层之中。这时釉面的外观透明度较差，釉面泛半木光，呈色粉青的居多，玉质感较强。到了玻化中期和晚期时，部分气泡逐渐变大，接近釉面的气泡逐渐逸出，往往使气泡数量减少而形体变大，未熔石英颗粒减少，在胎釉交接面上和釉层中开始生成棒状或者放射状的硅灰石晶体，这时釉层面给人以一种半透明、表面光泽较强的感觉，即半浊半透的感觉。待到釉完全玻化时气泡数量大大减少以至稀少，气泡的形体增大，釉层中的未熔石英、硅灰石晶体大部分完全融化而稀见，釉的透明度很高。

(3)釉层厚度：施釉次数和釉层与釉质密切相关。南宋中晚期龙泉青釉的施釉次数最多，釉层最厚，而南宋中晚期以前和以后的施釉次数较少，北宋龙泉青釉施一道薄釉，玻璃感强。只有南宋中晚期采用高温黏度小的石灰碱釉，施釉达三、四层甚至更多并反复素烧，才能产生如冰似玉的釉质。元代初期还保留这种工艺，釉层较厚，后来减为两道釉，元代晚期至明清时期只施一道釉，釉质大不如前。

(4)釉面质感：判断釉质最直观的感觉是对其釉面的综合观察，即掌握釉质外在的特征。评价一件釉质完美的龙泉青瓷器，其釉面必须具备滋润浑厚、匀净细腻的特征，即釉面的透明度好、光洁度高、玉质感强。⑤

以上内容应该说仍然是历年来对龙泉青瓷产品研究的总结。在龙泉青瓷制作这一传统工艺向现代工艺转型过程中，对青瓷产品实施标准化，也是当代青瓷产业化的一个重要内容。尤其从传统的龙窑柴烧向煤气窑、电窑烧制的转变中，更应形成一个龙泉青瓷产品质量认证规范。目前，龙泉市技术监督局已拟了一份《龙泉青瓷地方标准》草案，并通过初审，笔者没有看到草案的详细内容，但据龙泉新闻网报道，"该标准的制订将对龙泉青瓷的生产、检验、监督提供法律依据，对保证龙泉青瓷产品质量，进一步规范市场，切实维护消费者合法利益都具有重要意义"。

一般而言，日用瓷器的质量认证标准的形成还是比较容易的，而艺术瓷精品、珍品的质量认定往往会见仁见智，因为艺术境界的认定又要回到传统文人士大夫感性审美认知的状态，龙泉青瓷要在这方面建立统一的评定标准，恐怕仍然面临着中国陶瓷界目前普遍面对的问题。

注释

①[唐]杨倞注、耿芸标校：《荀子》，上海古籍出版社1996年版。

②参见马骋著：《瓷绘丹青——历代瓷画解读与辨识》，上海大学出版社2008年版。

③浙江省博物馆 编：《青瓷风韵——永恒的千峰翠色》，浙江人民美术出版社1999年版。

④戴吾山编著：《考工记图说》，山东画报出版社2003年版。

⑤石少华著：《龙泉青瓷赏析》，学苑出版社2005年版。

第五章 瓷业传承与文化产业开发

第一节 历代仿制与辨识

历代陶瓷的仿制包括几种情况，一类是在"以古为美"审美情趣的引导下，仿制历代陶瓷精品，以期恢复和重新达到前人的艺术和工艺高度；或者探索和恢复以往制瓷工艺，包括民国时期直至当今出于这样的动机而对古代龙泉青瓷的仿造。另一类是在利益驱动下恶意仿制历代陶瓷器，其中包括精品和一般日用品，以达到以假乱真、谋取不当利益的目的。这就使得仿制活动从古至今断断续续一直存在。因此了解历代仿制情况和辨识仿制品，就成了研究龙泉青瓷技艺传承和产业开发的基本前提。

一、历代龙泉青瓷的仿制

1.古代龙泉青瓷的仿制

古代龙泉窑仿制有三次高潮，分别是宋代、元代和明清时期，不仅各有特点，而且彼此之间具有继承关系。

(1)宋代龙泉瓷的仿制

宋代龙泉窑的仿制主要是仿古，即以青铜器为仿烧原型，这是瓷器与铜器两类不同工艺品之间的移植和模仿,与宋代大量需要用瓷器代替金银铜制祭祀礼器有关。所以,龙泉青瓷仿古瓷往往以陈设器、供器以及一些生活用器为主,龙泉窑生产的琮、樽、觚、觯、壶、炉等器物,制作精绝,造型与商周青铜器十分接近。瓷器仿古最早是北宋官窑,但它的生产时间过短,属于瓷器仿古的起步阶段。龙泉仿古始于南宋,步北宋汝官窑、钧官窑的后尘,是瓷器仿古的后起之秀,并有后来者居上之势。龙泉窑仿古瓷器的品种则远远超过两宋官窑。

龙泉窑瓷器的仿古除了以青铜器为仿烧原型外,也包括对两宋官窑瓷器的仿制。龙泉窑十分注意吸收两宋官窑器的优点,烧制了不少仿两宋官窑青瓷器,并在此基础上形成自己的特有风格。凝聚了龙泉窑青瓷工艺技术的精华,从原料选取加工到拉坯制作,从器物形制到釉色装饰,仿古瓷器都是龙泉青瓷的顶级作品,将龙泉青瓷艺术推向顶峰。

(2)元代龙泉瓷的仿制

元代及其以后的明清两代的龙泉青瓷的仿制,基本是以仿烧南宋龙泉青瓷器为主,是后代瓷器对前代瓷器的同类艺术品之间的仿制。元代龙泉仿古的形制、胎釉和装饰主要以南宋龙泉仿官窑青瓷为原型进行简单的仿制,但其艺术水平逊于南宋。

元代仍然是龙泉青瓷的盛烧时期,烧制的瓶、炉、碗、盘、盏、洗等器物仍保持了南宋龙泉青瓷的艺术风貌,器物造型要比宋代大一些,但基本保持了宋代风格,质量要比前者逊色。

(3)明清时期龙泉青瓷的仿制

明清两代龙泉窑只生产少量的仿制宋代的瓷器,因为此时宋代龙泉青瓷已存世不多。其仿制品的釉层普遍很薄,通常只施一道釉,釉质稀薄,玻璃感强,釉色青绿或者青黄。清代龙泉青瓷的仿制除了龙泉窑自身继续仿烧前代青瓷器外,此时景德镇窑也仿烧龙泉青瓷,以康熙、雍正、乾隆三代的仿品水平最高,主要是仿釉。在装饰方面,明清两代绝大多数器物上采用了刻划纹饰的方法,以花卉图案为主,偶有人物、文字等纹饰。

2. 民国时期龙泉青瓷的仿制

民国时期龙泉窑早已断烧，宋元龙泉青瓷器比较稀少，成为当时文人雅士与国外客商极力搜罗的热门瓷器，价格一路攀高。为了迎合这种市场需求，民国时期掀起了仿制龙泉青瓷的热潮，即现代仿古，但这与元明清时期的仿古不同。龙泉地区以南宋龙泉青瓷为对象，生产了一批仿制品。当时仿制宋元龙泉青瓷主要追求釉似而不求形似，所仿产品主要是追求南宋龙泉青瓷的粉青釉和梅子青釉那肥厚滋润和青翠釉色的效果，但其仿制水平远不及南宋，有的与元代接近。

3. 当代龙泉青瓷的仿制

新中国成立以后，周恩来总理曾亲自指示恢复濒临绝迹的龙泉窑青瓷生产。1959年，国家轻工业部根据周总理的指示作出了《关于恢复历史名窑的决定》，要求有关地方恢复龙泉窑青瓷等历史名窑。那时候以仿制南宋龙泉青瓷产品中的梅子青釉、粉青釉和白胎青釉器为重点，仿品具备了古代龙泉青瓷胎釉的基本特征，取得了工艺技术上的突破。

二、当代龙泉青瓷在利益驱动下的商业性仿制

自20世纪80年代以来，历代龙泉青瓷由于质优价高从而成为人们追捧和收藏的对象，同时也促成了商业性仿制的兴盛，大批民办、私营的瓷厂、作坊纷纷加入，他们以名贵的宋元龙泉青瓷为主要仿制对象，不惜工本，从造型到胎釉，从装饰到工艺，进行了大规模的、全面的仿制。在全国各地的古玩市场、古董店铺、拍卖行以至国外，随处可见这些新仿的龙泉青瓷，赝品充斥市场，令人真假难辨，买家蒙受损失，作假者则从中牟利。这一次龙泉青瓷的仿制，从历史上来看规模最大、时间最长，且至今不衰。

当代这些仿品主要仿制宋元龙泉青瓷精品，这类仿品常见的有龙

虎瓶、凤耳瓶、盘口瓶、贯耳瓶、弦纹瓶、荷叶盖罐、执壶、弦纹炉、鼎式炉、樽式炉、鬲式炉、折沿洗、双鱼洗,还有浮雕莲瓣纹、菊瓣纹的碗、盘、盏等品种。从这些仿品的工艺上看,绝大多数是白胎青釉瓷器,因为历代龙泉白胎青瓷比较容易仿制。尽管黑胎青瓷价值更高,但由于传世品极少,缺乏仿制的实物原型,加上薄胎厚釉的烧制技术要求很高,受原料来源和技术等条件的限制,极难仿制,所以仿品数量较少。仿制品的釉色以仿烧梅子青和粉青为主,质量高的釉层、釉质、釉色基本接近宋元龙泉青瓷产品。同时也仿制刻划、模印、堆贴、露胎、褐彩等装饰方法。这些仿制呈现出以下一些特点:

(1)高仿:即完全仿真制作宋元龙泉青瓷的标准器,比照古代原器的造型、胎釉和装饰进行全面模仿,力求逼真。龙泉地区一些世代家传的老窑工搭建土窑,全部采用传统的工艺和柴木燃料,拉坯、修胎、施釉、装饰和装烧等技法完全仿照旧制,甚至能够做出比较逼真的紫口铁足和底足火石红、旋胎纹、跳刀痕、粘砂、铁斑,几可乱真。

(2)釉色仿真:主要仿制梅子青和粉青两种,一般釉层较厚,釉质、釉色的质量较高,接近真品。但造型则不一定仿照原物,有的移花接木,有的奇形怪状,有的似是而非,造型与真品无法相比,这类器物品种很多。

瓷器的仿制品一般不能掩盖新器火光冲天的特征,因此都要用高锰酸钾、硫酸等腐蚀釉面,用打磨方法去掉釉面浮光,用日晒、蒸煮、烟熏、油炸、土埋、粪尿浸泡等常见的方法制作出土或者老旧的效果,当代龙泉青瓷的仿制品也不例外。

三、龙泉青瓷的辨识

1.北宋龙泉青瓷的辨识

北宋龙泉青瓷产品的造型比较粗拙,形体较大。外部线条比较简单,胎质不够致密,胎体较厚,坚硬,胎色以灰为主,这是由于胎土原料就地取材，淘洗加工不够精细，胎中含铁量较高所致。北宋晚期随着制瓷工艺水平的提高，部分产品胎中含铁量开始下降，胎色由灰变白，出现了灰白胎。

北宋龙泉青瓷产品器物表面常施一道淡青釉，这种玻璃质较强的石灰釉一般呈现浅淡的青绿色，釉质透明，开片细碎。釉层较薄的，釉色青中泛黄，釉层较厚的，釉色青中泛绿。

北宋擅长用刻划纹饰和堆塑工艺。器底多数平坦，底足一般不施釉，有火石红但不浓重，修胎不很精细（图5-1）。

2.南宋龙泉青瓷的辨识

南宋早期龙泉窑器物线条比较柔和，大器不多，胎体较薄，胎质也较细，胎色多为深灰、浅灰、灰白，器物底部胎体较厚，有的施釉，有的仍不施釉。釉层渐厚从而使乳浊度增加，釉色逐渐变得青翠，并开始显

图5-1　北宋 龙泉窑斗笠碗器底

露一定的玉质感,多数仍有开片,但刻划纹饰逐步减少并趋向简化。

南宋中晚期由于龙泉窑处于鼎盛时期,为了生产高级青瓷,采用了先进的原料加工淘洗方法,增强瓷胎白度,瓷胎为灰色、浅灰色。胎骨一般较薄,胎质致密坚硬。这个时期龙泉青瓷器物的形体虽然不大,但形制典雅大气,古朴端庄,线条圆润有度,体现出高雅凝重的韵味,各部分衔接自然,比例非常协调轻重适当,南宋晚期出现了白胎青瓷和黑胎青瓷。白胎适合了施用青釉的需要,而黑胎青瓷的出现是在胎中大量掺加紫金土等高铁原料,所以胎色有铁黑、铁灰、深灰、紫黑、红褐、土黄等,主要为了达到釉色凝重的效果,使得釉层肥厚,釉面细润,釉光内蕴,玉质感很强。南宋龙泉青瓷釉色青翠、粉润,呈色多变。同时刻划纹饰明显减少。南宋龙泉青瓷器物外底较平,施釉。南宋晚期底部出现乳凸,圈足修胎规整,足端不施釉,多呈火石红色。

3.元代龙泉青瓷的辨识

元代龙泉青瓷第一个特点就是大件最多,造型粗犷豪放,迎合了草原民族的生活习惯。瓷器胎体厚重,底部厚实。胎色与南宋接近,多为灰白色,胎质坚硬。而釉层与南宋器物相比较薄。元代龙泉青瓷第二个明显的特点就是釉质透润,釉色青黄。元早期仍施釉多次,中晚期渐薄,施一道釉。这个时期的龙泉青瓷的装饰盛行刻划纹饰,精美繁缛,并独创了露胎贴花工艺,这可以说是元代龙泉青瓷的第三个特点。同时圆器的外底多有涩圈,底部施釉不匀,流淌、滴漏釉的现象常见。无釉处火石红较浓重,修胎较粗(图5-2)。

4.明代龙泉青瓷的辨识

明代器物以中小件为主,陈设器较多。胎体较厚重,胎质坚硬,胎色比元代产品要白。施釉较薄,釉色以青绿为主,釉色闪黄现象较少,开片较多。同时明代龙泉青瓷产品继承了元代风格,瓷器装饰同样流行刻划纹饰,但图案比元代疏朗简化。器物外底施釉和无釉的均有,圆器的外底多有涩圈。无釉处火石红浓重,修胎较粗。

图5-2 元代 龙泉窑瓷器器底

5.清代龙泉青瓷的辨识

清代龙泉窑已近尾声,产品胎色灰白。釉层比元明时期还要薄,釉色普遍呈青黄浅淡。只有少数精品釉层肥厚,釉色深沉青绿,青中微黄。

6.现代仿品的辨识

(1)胎骨

现代仿品由于原料由机械加工,杂质减少,基本可达正烧或者接近正烧,常见豆青釉色的胎色白中带灰,粉青、淡粉青釉色的胎色最白。仿品多采用煤气、天然气或者煤炭烧制,窑内升温快,温控比较科学,所以瓷胎烧结程度较好,胎质致密坚硬,孔隙极少,瓷化程度高于古代,胎骨断面闪光。多数胎骨较古代同类器要厚,偶尔也有较薄的。

(2)釉色

现代仿品所仿釉色主要有梅子青、粉青、淡粉青、豆青、灰青五种,呈色好的接近南宋梅子青、粉青釉色。一般施一道釉,釉层较薄,不如宋代同类器的釉层浑厚肥润。有些施釉较厚的,也常见明显的流釉或者聚釉现象。而且历代龙泉青瓷的釉层不论薄厚,均与胎骨结合得十分紧密,行话称为"抓胎"。而现代仿品的釉面常显疏松漂浮,没有那种"抓胎"的感觉。

现代仿品常用化学腐蚀、土埋等方法去除新器釉光,其釉面不是釉光板滞就是完全失光,没有历代龙泉青瓷釉面经过长期物理化学作用而产生的包浆,能向釉外反射出一种弥漫状的柔光。

近年来仿制的龙泉青瓷中还有一种仿制釉面白色土浸和水渍的方法,即在器物釉上仿制出白渍。但历代龙泉瓷器釉面存在的白色的土渍和水渍,都是由于土壤或者地下水中的钙质成分接触瓷釉,经过长期浸蚀作用后在器物的口沿、凸棱、底足等釉薄处或者其他部位,留下斑驳自然的白渍,釉面的手感微涩但不刮手。浸蚀严重的白渍可深入釉胎,常呈土黄或者黑褐色,釉面手感光滑。现代作伪的方法是从外面制作白渍,成片出现极不自然,而且浮于釉表,手感粗涩。

7. 历代龙泉青瓷窑口的辨识

窑口是指生产瓷器的产地及其窑场,不同的窑口烧制产品的特点不同,质量也有区别。龙泉窑在宋元时期形成了庞大的龙泉青瓷窑系,瓷窑遍布浙江、福建和江西等江南诸省。因此甄别龙泉瓷器的窑口,对于确定青瓷产品的产地及其质量具有重要意义。

(1)龙泉窑窑场所产青瓷

龙泉境内的大窑、溪口两地的青瓷窑是龙泉青瓷的发源地和主产地,其烧制年代最长、工艺最精、产量最大、质量最好,精品迭出。历代龙泉青瓷中的精品多产于大窑、溪口两地的窑场。

大窑以生产白胎高级青瓷为主,兼烧黑胎青瓷。以南宋时期产品为例,大窑生产的粉青釉和梅子青釉瓷器最为出色。粉青釉层肥厚如脂,类冰似玉,釉色青纯淡雅,釉质乳浊温润。浮雕的莲花瓣纹肥厚挺拔,立体感很强。

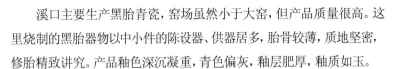

溪口主要生产黑胎青瓷,窑场虽然小于大窑,但产品质量很高。这里烧制的黑胎器物以中小件的陈设器、供器居多,胎骨较薄,质地坚密,修胎精致讲究。产品釉色深沉凝重,青色偏灰,釉层肥厚,釉质如玉。

龙泉地区除了大窑、溪口等窑之外,还有金村、查田、道泰、安福、云和、遂昌、庆元、丽水等地窑口所产青瓷质量也较好。总体而言,龙泉窑场烧制的青瓷质量,普遍好于福建、江西等地龙泉窑系生产的青瓷。

(2)龙泉窑系所产青瓷

江西、福建、广东等地历代也有龙泉窑系的窑场进行青瓷生产,其产品即民间所称的"土龙泉"(图5-3、图5-4)。

自南宋至明代,龙泉窑系瓷窑竞相烧制类似龙泉青瓷的产品,以供外销,其中尤以福建的生产规模最大。江西的吉州窑、横峰窑、弋阳窑、乐平张家桥窑,以及湖南益阳县羊舞岭窑都有仿烧龙泉青瓷的产品。

福建从宋代至明代一直没有间断仿烧龙泉青瓷产品,其中尤以同安窑和闽北窑最为著名。同安窑仿烧的龙泉青瓷产品中,主要是仿北宋龙泉青瓷,产品多为刻划碗。产品胎骨杂质较多且粗糙,胎色深灰、浅灰的居多。釉层较薄,常施一道玻璃釉,釉不及底,釉色多泛灰或者青黄,

图5-3 明代 土龙泉碗

图5-4 明代 土龙泉碗器底

底足露胎,内底多有涩圈。闽北窑仿烧龙泉青瓷的水平则较高,产品口薄底厚,多施满釉,釉色呈青绿或青黄,比较普遍采用双面刻花和单面刻花或者印花工艺,多用凹底匣钵装烧,产品特点与龙泉山头窑、大白岸北宋晚期至南宋早中期的同期瓷器极其相似。

此外,江西诸窑仿烧龙泉青瓷以仿烧宋代产品为主,产品胎体厚重坚硬,胎色灰白。釉层较厚,釉质乳浊细润。

第二节 文化资本与龙泉青瓷文化结构分析

一、文化资本理论与文化资本转换

1999年6月,在圣地亚哥州立大学行为经济学促进协会(SABE)的赞助下，经济学与其他学科相互交流的研讨会召开，在这次会议上，人们提出了文化资本与发展的议题。而到目前为止，文化资本理论已经成为西方经济学热烈讨论的话题。

文化资本的理论是由法国社会学家皮埃尔·布迪厄（Pierre Bourdieu）在其论文《资本的形式》中率先被提了出来。他指出："资本可以表现为三种基本的类型：①经济资本，这种资本可以当下直接转换成金钱，这一转换过程是以私人产权的形式制度化的；②文化资本，在某些条件下，这种资本能够转换成经济资本，这一转换过程是以教育资质的形式制度化的；③社会资本，它由社会义务（"联系"）所构成，在一定条件下也可以转换成经济资本，而这一转换过程是以某种高贵身份的形式被制度化的。"①

同时，布迪厄认为"文化资本""可以以三种形式存在：①具体的形式：既以精神和肉体的持久的'心情'的形式存在；②客观的形式，即以文化产品的形式（如图片、图书、词典、工具、机械等）存在，这些产品是理论的实现或客体化，也可以是某些理论、问题的批判等等；③体制的形式，即以一种客观化的、必须加以区别对待的形式存在（如我们在教育资质当中观察到的那样），之所以要区别对待，是因为这种形式使得文化资本披上了一层完全原始性的财富面纱。"②

之后布迪厄又对文化资本的三种存在形式做了具体的阐释，他指出"具体的形式"是与身体有关的，与金钱、产权以及贵族头衔不一样，它无法通过馈赠、买卖和交换进行当下的传承。它无法超越个体及其表现能力，随着它的拥有者（生物的能力、记忆等）的衰落和消亡，它也一道衰落和消亡。某个个体是否能够延长其获取资本的时间长度，依赖于他的家庭能够给他提供的自由时间的长度，同时，那些拥有丰富的文化资本的家庭的后代，在文化资本的最初积累和快速便捷地积累方面，更是得了先天之利。而在文化资本的"客观的形式"方面，在物质和信息中被客观化的文化资本，例如文学、绘画、纪念碑、器械等，在其物质性方面是可以传承的。而"体制的形式"因采用了学术资格这一形式而将文化资本客观化。"这一事实就是：具体化了的文化资本具有了与资本的承担者相同的生物局限。客观化正是导致两种资本之间差别的根源，这种差别也就是自学者的资本与那些得到合法保障、其资格获得学术认可的文化资本之间的差别。"③也就是说拥有文凭、资格证书等学术认可的人与家传身教的"自学者"，其文化资本在"体制的形式"上是不同的，前者得到了合法的保障价值。接着布迪厄又解释道："正是社会炼金术生产了这种文化资本，这种文化资本相对于其拥有者而言，甚至相对于该拥有者在一定时间内有效占有的文化资本而言，均具有一种相对的独立性。"④

对布迪厄的"文化资本"理论的引用之后，我们再做一点具体的分析。

具体化的文化资本有几个特点，第一是个体性，即拥有这种文化资本的是个人；第二是家传性，即这种文化资本的传承与积累主要取决于家庭所拥有的文化资本；第三是能力性，既在家庭教育中，培养个体的能力比传授其知识更重要；第四是符号性，布迪厄指出："文化资本往往首先是作为一种符号资本而起作用的，即人们并不承认文化资本是一种资本，而只是承认它是一种合法的能力，一种能获得社会承认（也许是误认的）权威。"⑤

客观化的文化资本即是在物质和信息中被客观化的文化资本，具体的讲就是文化产品和制作文化产品的工具、机械等。这些物质化的文化资本和经济资本一样是可以传承的。布迪厄认为文化产品是物质资本与文化资本的综合体现。他曾打了个比方，为了占有机器，生产手段的占有者只需经济资本，但为了使用机器，他必须接触到具体化的文化资本。

制度化的文化资本通过对文化资本的身体化形态以制度予以体现，并将其制度合法化。如通过知识与技能的考核，向文化资本身体化形态的个人发放文凭或资格证书等。使得拥有文化资本的个体合法化、外显化和具有社会公认性。

布迪厄同时还认为,文化资本可以与经济资本实现转换,即文化资本可用于文化的社会生产。"他的理论前提是拥有文化资本的人就像利用经济资本一样利用文化资本。他们对文化资本进行投资、积累、花费文化资本的利息,继承文化资本,或者在致命的事业中丢失文化资本,再次寻找新的产品和新的剥削领域,将文化资本置于大规模生产的体系——简而言之,他们利用文化资本进行竞争。"⑥文化资本可以包括家传的非正式的学识和从官方学校教育及其他途径获得的证书;同时,通过对客观化文化资本的接受和继承,"文化资本持有者不顾一切地寻找种种途径保持自己的竞争力,以便能够和经济资本领域里面强大得多的对手面对面地抗衡。"⑦

二 龙泉青瓷文化结构分析

弗雷德·英格利斯在《文化》一书中指出:"资深的文化生产者必须寻找途径,通过其产品的可靠性来维护自己的地位。……他们宁愿相信使自己放心和广为人知的文化产品,也不愿接受会让自己困惑或受到启迪的文化产品。"⑧历代名窑遗址的瓷业传承,就是当地资深的文化生产者利用传统文化资源进行文化产品的生产和文化产业的开发。借用布迪厄的"文化资本"理论来探索研究中国历代名窑遗址这一优秀文化遗产所包含的文化资源,我们不难发现其文化资本的三种形态分别为:①经过"家传"和师徒相传的方式掌握制作、烧制陶瓷技艺的艺匠,即陶瓷文化资本的"身体化形态";②历代名窑优秀陶瓷产品及产品工艺特征(具体包括原料与成形、器具与机械、窑具与烧成、胎釉与装饰等等),即文化资本的"物化形态";③列入全国重点文物保护名录,具有国家和地方认证、颁发的工艺美术师和工艺美术大师职称评定体系,抑或拥有陶瓷工艺学校乃至大学传授陶瓷技艺的教育,即文化资本的"制度化形态"。

运用布迪厄文化资本理论,可以对龙泉青瓷的文化结构进行分析。

龙泉青瓷文化资本的"身体化形态"即是历代经过"家传"和师徒相传的方式掌握制作、烧制陶瓷技艺的艺匠(参见本书第三章第二节)。

文化资本的"物化形态"则毫无疑问是历代龙泉青瓷优秀的产品及产品工艺,具体包括原料与成形、器具与机械、窑具与烧成、胎釉与装饰等等,但目前从传统的龙窑柴烧向煤气窑、电窑烧制的转变中,还应形成一个龙泉青瓷产品质量认证规范(参见本书相关章节)。

龙泉青瓷文化资本的"制度化形态"即具有国家和地方认证、颁发的工艺美术师和工艺美术大师职称评定体系,抑或拥有陶瓷工艺学校乃至大学传授陶瓷技艺的教育。

目前龙泉青瓷行业有国家级传承人1人,省级传承人3人,丽水市级传承人11人。国家级大师4人,省级大师8人,丽水市级大师39人,已形成了较为庞大的传承人队伍。龙泉市政府还出台了政策,制定龙泉市非遗传承人终身成就奖制度和传承人认定办法等。同时运用市校合作机制,为青瓷艺人提供专业技术培训和学历教育,提升了传承人队伍的综合素质。

龙泉市中等职业学校于2003年9月创办了陶瓷工艺专业,学校投资300万元,建成了占地15亩的陶瓷工艺实训基地;丽水学院也开设陶艺专业(青瓷方向)的本科专业。

民国初年,龙泉人蔡龄曾开办了瓷业传习工场和附设省立改良陶瓷传习所,此举意在改变龙泉瓷业传统的家型作坊内部师徒型和世袭型的瓷业技艺传承模式,并开创了现代陶瓷教育新形式,引用布迪厄的文化资本理论,即试图形成文化资本的制度化形态。学校首届招收龙泉当地40名高小毕业学生为学徒,上午上课,下午做工,注重陶瓷绘画学习,但没有注意将众多不识字的陶工招收入学,办学10年,毕业生能够掌握制瓷技艺的并不多。这就形成了文化资本身体化形态与文化资本的制度化形态之间的分离。即众多不识字的陶工因有扎实的制瓷技艺而没有被"制度化"地承认，而被"制度化"承认的毕业生能够掌握制瓷技艺的又不多。这种文化资本内在的分离随着社会资本和经济资本等的影响会长期存在，即有真才实干的人没有文凭和职称，因此其拥有的"身体化"的文化资本没有成为"制度化"的文化资本，而有些拥有文凭和高级职称的人却并没有掌握真才实干。这两种情况即是"身体化"的文化资本与"制度化"文化资本在文化资本内部没有实现相互转换。这在中国历代名窑文化资本形态中都或多或少地存在这种现象。

第三节　文化产业与传统文化资源的现代转型

一、当代龙泉青瓷文化产业与文化资本转换

1957年，周恩来总理作出了"要恢复祖国历史名窑生产，尤其要恢复龙泉窑和汝窑生产"的指示，从此，龙泉青瓷踏上了一条复兴之路。1959年，为庆祝中华人民共和国成立十周年，当时的龙泉瓷厂接受了烧制北京人民大会堂宴会用瓷（国庆瓷）的生产任务，此套餐具由浙江省轻工业厅厅长翟翕武亲自指挥，由中国美术学院邓白教授设计牡丹云鸾图案青瓷餐具，经过半年多努力，于国庆前夕完成了国庆瓷的生产任务。改革开放以来，龙泉青瓷产业得到了历史性的复兴。当代龙泉青瓷产品不仅继承了古代产品特色，并开拓创新，历年来在各类全国性评比中屡屡夺魁，其精品被誉为"国宝"，为人民大会堂、中南海紫光阁、故宫博物院、中国历史博物馆陈列和收藏，并为国家领导人出国访问提供礼品。

2006年，龙泉青瓷烧制技艺被国务院公布为首批国家级非物质文化遗产代表作，并涌现出了徐朝兴（图5-5）、毛正聪、夏侯文、张绍斌等4位国家级青瓷大师和9位省级工艺美术大师。徐朝兴大师一件五管

图5-5　本书作者马骋与徐朝兴大师在其工作室合影

瓶曾拍出了70万元的高价,毛正聪大师一把"皇后壶"也曾以39万元成交。

为进一步弘扬中国龙泉青瓷文化,做大做强龙泉青瓷产业,龙泉市委、市政府提出了"中兴龙泉青瓷"的奋斗目标:一是龙泉青瓷艺术水准创历史新高,具体口号是:"追步哥窑、媲美章生、赶超宋元",打造当代中国青瓷艺术中心;二是龙泉青瓷产业化程度创历史新高,日用瓷、包装瓷、工业瓷短腿补长,百花齐放,成为浙江最大、国内知名的青瓷生产基地和出口基地;三是龙泉青瓷知名度创历史新高,龙泉的瓷文化和青瓷精品走向世界,扬名中外,成为国际重要艺术品拍卖机构追捧的宠儿。2010年9月中旬,龙泉市政府到巴黎举办"中国意境——人类非遗龙泉青瓷巴黎展",亲身感受欧洲人对"雪拉同"的推崇和喜爱,并拿回了不少订单。

龙泉市还将在小梅镇拟建大窑龙泉窑遗址文化公园,建设内容包括综合活动区、特色游览区、青瓷文化区、古迹观光区。包括大窑在内的青瓷探秘游,也将被建设成为一条黄金旅游线。

综观当代龙泉青瓷产业复兴、发展道路,我们不难看到有这样几个特点。首先,龙泉青瓷在新中国成立以来的复兴之路,一开始是在行政要求下走出的一条"礼品瓷"之路,不仅圆满地完成了国庆十周年的国庆瓷生产任务,而且直到今天仍然在扮演着"礼品瓷"的角色。其次,当代龙泉青瓷精品不出人们预料地走出了"收藏瓷"的道路,不仅为人民大会堂、中南海紫光阁、故宫博物院、中国历史博物馆陈列或收藏,而且龙泉青瓷当代大师作品价格也屡创新高。第三就是传统上的"外销瓷"之路。在中国历代众多的外销瓷器中,龙泉青瓷在世界上输出范围之广、数量之多、存世量之大,为其他瓷器所不能相比。龙泉青瓷以其釉色青翠、造型优美,成为许多国家珍爱的瓷器,并至今不衰。

同时也不难看到,龙泉青瓷的发展方向比较明确,一是打造青瓷文化旅游区和旅游线,用旅游产业进一步带动青瓷文化产业;其次是发展日用瓷、包装瓷和工业瓷(图5-6、图5-7、图5-8),以达到短腿补长,百花齐放的目的。总体而言,龙泉青瓷文化产业是在复兴著名的宋元龙

图5-6 当代龙泉窑产品生产工场

图5-7 当代龙泉产品生产模具

图5-8 当代龙泉青釉双鱼纹盘

图5-9 龙泉当地这两根柱子上的装饰,左边用历代龙泉青瓷瓷片,右边用当代青瓷瓷片,颇有历史跨度。

泉青瓷文化资源的基础上,迈出一条文化产业之路,目标是"追步哥窑、媲美章生、赶超宋元",即依托传统"名"文化发展当代文化产业,并试图在产业发展中继续拓展传统"名"文化(图5-9)。

按照布迪厄的文化资本理论,当代龙泉青瓷的产业发展正在悄然实施着文化资本向经济资本的转换。

按照布迪厄文化资本理论来看当代龙泉青瓷文化产业,不难发现,龙泉青瓷当代文化产业在技艺传承中已不再仅仅是家传和师徒传授的方式,龙泉市政府出台了政策,不仅制定了龙泉市非遗传承人终身成就奖制度和传承人认定办法等,同时也运用市校合作机制,为青瓷艺人提供专业技术培训和学历教育,提升了传承人队伍的综合素质。龙泉市中等职业学校也创办了陶瓷工艺专业,学校还投资300万元,建成了占地15亩的陶瓷工艺实训基地。丽水学院也开设陶艺专业(青瓷方向)的本科专业。那些实施了文化资本的身体化形式向制度化形式内部转换的龙泉青瓷当代大师,正在以自己不断提升价格的青瓷作品,来抬升龙泉青瓷的总体价值,并成为当代龙泉青瓷走出一条"收藏瓷"道路的商业运作模式之一。这些大师的照片和简介不仅在龙泉市街道上出现,也同样出现在宜兴陶瓷城中国陶瓷博览中心附近,其受到重视的程度可见一斑。同时,伴随着历年来龙泉青瓷在各类全国性评比中屡屡夺魁,其精品被誉为"国宝",为人民大会堂、中南海紫光阁、故宫博物院、中国历史博物馆陈列和收藏。龙泉青瓷文化资本的制度化形式正在成为文化资本向经济资本转换的推手之一。

与此同时,作为宋元时期我国著名瓷品,龙泉青瓷在中国陶瓷史上有着十分重要的地位,而这种历史声望在当代龙泉青瓷文化产业发展中又被不断放大,不仅研究历代龙泉青瓷,尤其是南宋时期龙泉青瓷产品的著述不计其数、汗牛充栋,而且各种传说如章氏兄弟的故事,哥窑产品因祸生福的离奇传说等也被传播得耳熟能详。龙泉窑始烧年代则被不断向前延伸,笔者看到龙泉窑烧制历史最长的说法,已被写成有1700多年历史。最令人惊谔的就是近年来如火如荼、不断涌现的龙泉"官窑"的研究,尤以中央电视台播出的记录片《探索·发现——龙泉官窑之迷》影响最大。这种将龙泉青瓷历史、文化不断放大和神秘化的现象,其目的无非是加长龙泉青瓷的历史长度和增加文化厚度,将龙泉青瓷文化资本的物质化形式大幅提升,从而提高龙泉青瓷文化资本向经济资本转换的身价。

二、龙泉青瓷传统文化资源的现代转型

从民国开始的龙泉窑遗址当地仿制宋元龙泉青瓷,到新中国成立初期恢复龙泉青瓷生产,走的是一条向传统文化资源回归的道路,即"追步哥窑、媲美章生、赶超宋元"。

民国初年,龙泉县晚清秀才廖献忠开始致力于青瓷研究,"首谋仿古",研制仿"弟窑"青瓷,几可乱真,为民国初龙泉仿制古青瓷之鼻祖。1933年,年迈的廖献忠自忖来日不多,恐其青瓷仿制技艺失传,乃将历次试验之配釉秘方记录成册,并自述:一生精力家财,尽费于古瓷研究之中。徐渊若在《哥窑与弟窑》书中抄录有"廖氏"初期制釉方、改良方、极富万金难换方、新方、未试方等配釉秘方记录。

随后,有几家生产兰花碗的窑厂,看到青瓷价高利厚,也开始仿造宋代青瓷产品。他们在古玩商人的鼓励下,到大窑古窑址找矿源,寻碎片,进行研究仿制。"均仿二章破器制之,择其精者用弗酸侵洗,去其新光,亦可混珠,其巧者即鉴赏家亦茫然难辨。海上此货,战前颇为充斥"。⑨正是由于他们的潜心研究和仿制,才为解放后恢复龙泉青瓷的技艺传承打下了基础。新中国成立后,在周恩来总理的关怀下,龙泉青瓷技艺逐渐恢复。改革开发以后,由于市场影响和政府重视、龙泉青瓷产业得到了极大的发展,龙泉青瓷一些失传的传统工艺逐渐得到恢复,并烧制出一批具有国宝级水准的作品,青瓷产业又迎来一个高峰。

向传统文化资源的回归主要是两个方面,即技艺回归(传承)与文

化回归(文化认同)。

目前龙泉青瓷行业有国家级传承人1人,省级传承人3人,丽水市级传承人11人。国家级大师4人,省级大师8人,丽水市级大师39人,已形成了较为庞大的传承人队伍。而文化回归主要是龙泉青瓷所体现的"天人合一"的文化内涵和中国人的"崇玉"、"崇青"心理,青瓷那碧玉般的质地和如大自然青翠的色彩,造就了历代文人雅士内敛婉约、典雅含蓄的文化特征,同时也成就了青瓷的品格。

但青瓷所包含的"崇玉"、"崇青"的品格正在被崇尚"拜金主义"的当代人所忽略。譬如当今白玉、翡翠的价格之高已被炒作成了"疯狂的石头",但其推手不是这些玉器所包含的传统文化品格,而是经济利益驱动。龙泉青瓷向传统文化资源的回归之路成就了技艺传承,但在龙泉青瓷历史、文化被放大和神秘化的氛围下,充斥了不少经济利益的驱动,从而没有完全成就龙泉青瓷文化的回归和复兴。

如今,龙泉青瓷面临着行内热行外冷的现象,艺术青瓷以徐朝兴等大师为代表,他们的作品在各种拍卖市场拍出很好的价格,让人们看到了传统青瓷工艺传承的市场价值。但日用青瓷市场,无论是在名气上还是在销售上一直都非常有限,市场化不够,像上海这样潜伏着巨大消费市场的大城市,龙泉青瓷销售网点寥寥无几,普通老百姓对其认识率和认可率均不高,龙泉青瓷目前主要还是一个停留在收藏界内的瓷品概念。

作为产业化的传统文化资源,不能仅仅依靠当代艺术大师走"收藏瓷"的精品化路线,青瓷产业不是靠几个国家级大师、多少个省级大师可以支撑的;也不是某个大师作品拍出天价和被收藏就能证明龙泉青瓷产业的成功。要形成市场规模,提高普通消费者的认知率和认可率,除了向传统文化资源的回归外,还要实施传统文化资源的现代转型,即龙泉青瓷产业的现代性转换——将传统文化资源性产业转换成文化创意产业。

文化创意产业的人才培养在注重传统技艺的传承、着力培养陶瓷手工艺人的同时，更注重培养产品创意人才，前者的培养偏重于工艺技术的传承，而后者除了工艺技术的传承外，更重要的是理论和艺术素养的培养，使其成为产品创意设计师。中国陶瓷产品设计制作观念一直以来都是一件瓷器由一个人自己设计并亲手完成，而且同行之间隔膜较深，很少有一个团队来完成一件作品的设计、制作。历史上龙泉制瓷技艺传承历来是家传和师徒间进行的，制釉方、改良方、新方、未试方等配釉秘方也是秘不示人，这是中国陶瓷史上约定俗成的民间传统。但综观中国陶瓷史，只有清代中期宜兴紫砂发展史上出现的一个关键人物陈曼生除外，他设计了"曼生十八式"壶形，交杨彭年等制壶艺匠制作完成，使紫砂产业有了巨大的发展。因此，陶瓷创意产业也可实行设计师与制作艺匠相分离，手工艺匠是设计师双手的延伸，是完成设计构想的实践者，作品的知识产权应归属设计师，以鼓励在继承传统的基础上去实现产品创新。

与此同时，青瓷创意产业的人才结构除了设计师外，还要培养产品包装设计师、广告设计师、专业市场营销人员等专业人才，形成设计、生产、销售三个环节共同发展的产业道路。

在龙泉青瓷从传统的龙窑柴烧向煤气窑、电窑烧制的转变中，传统烧制工艺也在悄然转型，如果回归龙窑柴烧的传统烧制工艺，在当今大力发展"绿色经济"的环境下，无疑是一条死胡同。因此以创新为核心的传统文化资源的现代转型，是传统文化资本的结构转型，并形成新的身体化、物质化、制度化形态，促进青瓷产业的良性运行和可持续发展。从某种意义上说这不仅是传统文化资源现代性转型的新模式，更是一种文化创造。

注释

①②③④⑤[法]皮埃尔·布迪厄著,武锡申译:《资本的形式》,载薛晓源、曹荣湘主编:《全球化与文化资本》,社会科学文献出版社2005年版。

⑥⑦⑧[英]弗雷德·英格利斯著,韩启群等译:《文化》,南京大学出版社2008年版。

⑨[民国]徐渊若著:《哥窑与弟窑》,百通(香港)出版社2001年版。

龙泉窑古瓷器标本图典

1 五代 青釉盏托

盏托始于唐代,流行于五代之后,一般上为盏下为托,此器仅剩托,为莲瓣形装饰,造型秀美。

2　北宋　青釉五管瓶

五管瓶为宋代龙泉窑生产的瓶式之一，因口沿下置直立的瓜棱形多管而得名。器身多为圆筒形和塔形，有盖。多为龙泉窑北宋中晚期所产器物，造型美观大方。

3 北宋 莲瓣形盖多管瓶

此瓶鼓腹,器形上收下放,给人以稳重之感。瓶身连盖装饰了七层莲花瓣,肩部饰多角,造型优美。

4 北宋 青釉深腹碗

深腹撇口，通体刻莲瓣纹，流行于北宋至南宋早期，产量很大，是主要的生活用器。

5　北宋青釉划花孔明碗

由两只碗粘合而成，两碗间中空，外碗底有一孔，故称孔明碗。始于北宋龙泉窑，一般认为是暖碗的一种。但也有观点认为，碗的底部开孔无法保留热水，故不应是暖碗，更大的可能应是扔骰子的赌具。

6 北宋 青釉刻花盘口执壶

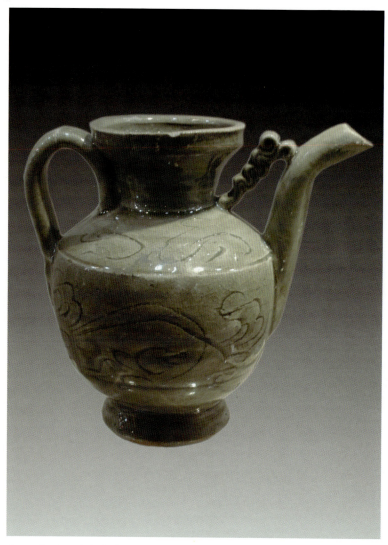

盘口,喇叭颈,丰肩鼓腹,长流,扁条形柄上至肩,通体划花装饰,为北宋早期产品。

7 北宋 青釉刻花梅瓶

小口，翻唇，短颈，丰肩，长弧腹，下收，通体刻划花，造型端庄。

8 北宋 青釉盘口瓶

其造型为盘口,长颈内束,丰肩,筒腹,通体施青釉,有细小开片,庄重素净。

9 北宋 青釉长颈盘口瓶（残）

北宋盘口瓶较多，造型为深盘口，盘口的外部内凹形成凹槽。长颈内束。丰肩，椭圆腹，颈部内收，圈足，通体施淡青釉。

10 南宋 青釉莲瓣纹束口碗（残）

外口沿内束形成一道凹槽，碗腹壁呈弧形向内收敛，小圈足。外壁采用雕刻方法刻出莲花瓣纹，高雅古朴。

11　南宋　青釉莲瓣纹敛口碗

敛口，肩部外突，腹部向下急收，通体模印莲瓣纹，有微细开片。

12　南宋　青釉莲瓣纹敛口碗

敛口，肩部外突，腹部由肩部向下急收，通体模印莲瓣纹，为南宋典型碗式。

13 南宋 青釉鬲式炉

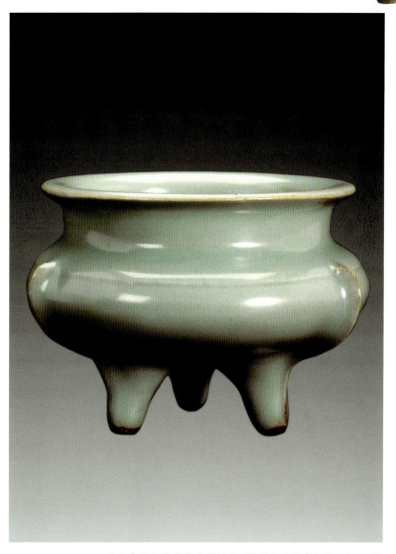

此为南宋龙泉青瓷典型炉式，器型仿古代青铜器。洗口，折沿，短颈，鼓腹，三足。肩部有一道旋纹，腹部突出三条凸棱至足底，因釉薄而见火石红，也有釉下泛出灰青色的胎骨，形成"出筋"。

14 南宋 龙泉青瓷太上老君水滴

为太上老君坐于方墩之上造型,手捧朝板为水滴出水口,背部有进水孔。通体施青釉,有细小开片。

15 南宋 青釉旋纹环耳瓶（残）

喇叭口，筒形长颈，溜肩，鼓腹，通体施以凸旋纹，颈部对称饰双龙形衔环耳。

16 南宋 青釉方耳衔环瓶

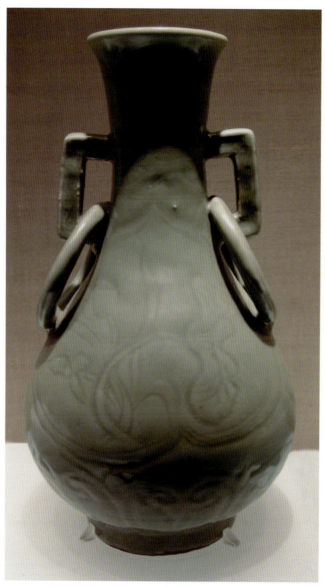

宋、元、明三代均有。南宋方耳衔环瓶造型较高大，喇叭口，长筒颈中束，颈中部对称镶嵌方耳衔圆环，鼓腹，直足。通体施青釉，青翠欲滴。腹部刻划荷花纹，舒展大方。

17　南宋 青釉鱼龙耳瓶

长颈中束,悬胆腹,瓶颈中部两侧对称各镶嵌鱼龙耳一只,头部浅浮雕成张口的龙首,身体制成弯曲的鱼形,鱼鳞密集清晰,尾巴分成两叉如同鲤鱼尾,尾部外弯处悬挂圆环一只。通体施青釉,划花装饰。

18 南宋 青釉龙虎瓶(残)

南宋时期龙泉窑典型瓶式。瓶上配盖,盖上有鸟形钮,瓶身周围堆塑蟠龙和猛虎,瓶身模印莲瓣纹。南宋中期的加配五管,晚期的无管,此瓶应为南宋晚期产品。

19 南宋 青釉龙耳簋式炉（残）

撇口束颈，斜肩垂腹，炉外壁两侧各镶嵌龙形耳，造型敦厚。

20 南宋 青釉板沿敞口盘

盘的口沿微向斜上方向外折,形成类似平板状的边沿。通体施青釉,盘底堆塑双龙纹。

21　南宋　青釉带盖梅瓶

梅瓶是北宋创烧的一种瓶式，原为酒器。龙泉窑自宋至明均有烧制，造型和工艺各具特色。此瓶为带盖梅瓶，直颈丰肩，上鼓腹，下腹渐收，配有筒形盖。

22 南宋 青釉贯耳瓶

宋、元、明龙泉窑都生产贯耳瓶,其形制各异,以南宋时期的产品最多最好。该瓶直口,悬胆腹,贯耳呈短小的半圆形,贯耳的两端无棱,为南宋产品。

23 南宋 青釉琮式瓶

琮式瓶是仿照新石器时代玉琮造型制作的瓶式。南宋龙泉窑琮式瓶仿照商周玉琮而制,其型制为口底圆、瓶身方,象征天圆地方。瓶体四个平面,每面中间为长条凹槽,通体施粉青厚釉,滋润如玉。

24　南宋　青釉胆瓶

造型为长颈，胆形腹，直足，通体施青釉。多为龙泉大窑、溪口窑烧制，质量极高，数量极少。

25 南宋 青釉直颈罐

为南宋时期所产无盖罐,罐口外翻出唇,筒颈直立,丰肩,鼓腹下收。通体施粉青釉,釉层较厚,釉质乳浊失透,玉质感强,釉面滋润泛木光,开冰裂纹片。

26 南宋 青釉谷仓

南宋时期龙泉窑所产冥器,造型为长方立形,内空,前方上部镂长方窗,四边有仓柱支撑。上部有两层屋檐式建筑构成,正面有瓦当,屋顶飞檐翘角。下面一层屋脊较宽矮,同样镶嵌瓦当。仓地四角镶嵌折角围栏,下承四个底柱将谷仓支撑悬空,为杆栏式建筑,最低下为一片底板。通体施豆青釉,青翠滋润。

27　元代　青釉三足鼎式炉

铜鼎是商周时期常见的铜器,宋、元、明时期龙泉窑都烧制鼎式炉。该鼎式炉造型为立耳、深弧腹、三柱足,腹部上下两道旋纹,堆塑梅花装饰,通体施青釉。

28　元代　青釉三足樽式炉（残）

樽式炉宋、元、明时期龙泉窑均有烧制，基本造型为筒式炉身，装有纹饰。南宋樽式炉多为弦纹樽式炉，造型较小，弦纹樽式炉为直口，口沿宽平内折，筒腹，口底上大下小。元代龙泉窑樽式炉采用刻印花装饰，明代樽式炉形制与元代相似。此炉为元代产品。

29 元代 青釉花觚

花觚为陈设瓷,器型为侈口外翻呈喇叭状,长筒形颈,筒腹微鼓,广底。器口至颈部装饰旋纹,颈下部、器腹中部堆塑花卉纹,腹部下收部分堆塑莲瓣纹,具元代装饰特征。

30　元代　青釉刻花玉壶春瓶

为元代龙泉窑产品,瓶口外翻呈喇叭形,瓶颈较短,球腹,圈足,通体施满青釉,刻花,腹下收部分堆塑莲瓣纹。

31 元代 青釉玉壶春瓶

此瓶与图30同时代产品有明显不同，瓶口较小，外翻，瓶颈细长，中间饰三道旋纹，弧腹，圈足，通体施满青釉，腹部堆塑龙纹。

32 元代 青釉环耳瓶

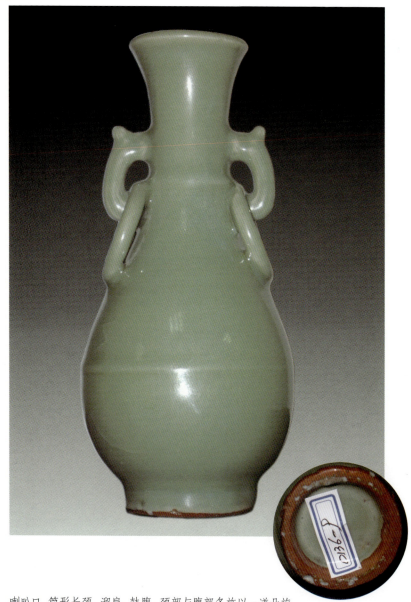

喇叭口，筒形长颈，溜肩，鼓腹，颈部与腹部各施以一道凸旋纹，颈部对称饰双龙形衔环耳。底部施釉，圈足施护胎釉。

33 元代 青釉环耳瓶

喇叭口，筒形长颈，溜肩，鼓腹，圈足。腹部划两道旋纹，颈部对称饰双龙形衔环耳。

34 元代 青釉加褐彩环耳瓶

盘口,筒形长颈,丰肩,筒腹,圈足。通体施青釉加褐彩,为元代典型器物。

35 元代 青釉凤耳盘口瓶

元代盘口瓶以凤耳瓶为主,盘口,长颈、筒腹,圈足。颈部对称饰双凤耳。

36　元代　青釉荷叶罐

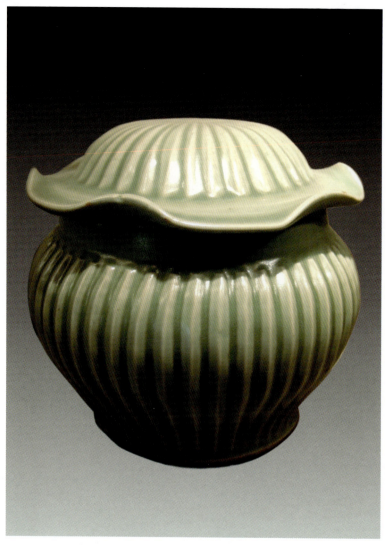

因其罐盖形如翻卷荷叶而得名。是元代龙泉窑罐中最多、最有代表性的典型器。该罐盖无钮，罐口径较大，超过足径。肩部较宽，通体装饰模印纹饰。

37 元代 青釉双鱼纹洗

双鱼洗是宋、元时期龙泉窑著名器型，基本造型是折沿，斜弧腹，平底，直足。在洗的内底上采用凹印和堆贴两条鲤鱼的技法进行装饰，故此得名。宋代双鱼只有凸贴的，元代既有凸贴的，也有凹印的。此洗胎体较厚重，折沿两侧对穿4个圆孔，洗的腹壁弧度较大，呈元代双鱼洗特征。

38　元代 青釉荷叶单龟碗

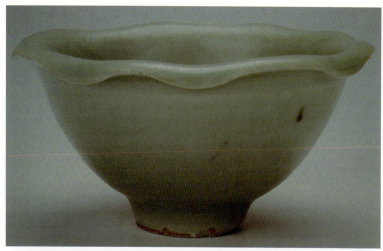

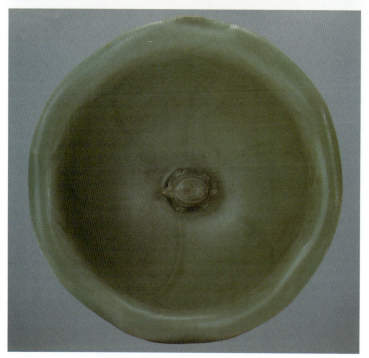

以荷叶的形状为原型，碗内壁装饰成荷叶状，并自然延伸至外翻唇口形成荷叶翻卷形态，外弧壁光素下收，碗底饰单龟，也有饰双龟。

39 元代 青釉高足杯

元代高足杯器型较大,敞口,杯口较直,杯身呈深弧形,杯足较低,素面无装饰。另有一种高足杯装饰竹节足。

40　元代　青釉骑犼观音瓷塑

元代龙泉窑造像主要是释迦牟尼、观音、真武大帝等佛道人物，形象较写实，装饰繁复。此尊观音骑犼像观音发髻盘曲，头顶花冠，双目微阖，口含微笑，下坐一头大犼，形象写实，装饰繁复。除观音的面部、脑部、双手和大犼眼、足露胎之外，均施肥厚青釉，无开片。

41 元代 青釉佛龛

观音端坐在如意云纹佛龛中,全身露胎呈火石红色。两个童子站在台阶上伺候左右,佛龛下部模印海水波涛山峦纹。整个造像全系手工捏塑和镂雕制成,十分精致。

42　元代　青釉人物造型油灯

整个油灯为一人物站姿造型，人物形象安闲，左肩扛一大盘（油灯）。脸部、脖子露胎，其余施青釉，堆塑衣纹。

43 明初 青釉唇口盘

盘子收口制成外侈或者圆滑的唇状,不易伤人。盘腹浅,呈斜弧形,盘底平坦,适于盛装食物。

44　明嘉靖 八卦香炉

在元代鼓钉炉基础上演化而来，唇口外侈，腹部扁圆，上部略平，下部逐渐内收，深斜弧腹。腹部外壁模印八卦纹，下承三个兽足。外底中部突出于炉底，中心一圈无釉，呈火石红色，上书明代嘉靖年款。

45　明代　青釉刻花唇口盆

这种盘是明代典型盘式，产量较多，烧制时间较长。盘子收口制成外侈或者圆滑的唇状，不易伤人。盘腹浅呈弧形，盘底平坦，饰有刻划花卉纹饰。外底胎厚，中间施釉呈圆形釉心，采用垫圈烧制，留有垫圈痕迹。

46 明代 青釉人物纹刻花碗

明代龙泉窑盛行人物、历史故事纹饰，一般都是在碗的内壁上模印。该碗直口深腹，高圈足。碗内壁周围印着人物故事纹饰，人物形神各异。碗的外沿印连续回纹，通体施青釉。

47 明代 青釉插屏

该插屏造型呈长方形,较小,下面配座。屏风两面刻划牧童骑牛吹笛纹饰。通体施淡青釉,开细碎冰裂纹片。

48 清代 青釉文字花卉花觚

器型为侈口外翻呈喇叭状，长筒形颈，筒腹微鼓，广底。颈部与腹部有接胎痕迹，颈部装饰文字，器腹刻划花卉纹，具清代装饰特征。

49 民国 青釉龟

龟是一种象征吉祥长寿的动物。龙泉窑在元代就有在荷叶碗底装饰小龟的历史。此龟造型动感较强,龟头伸出,张嘴向上,四肢蹲伏,龟背刻划出六棱龟甲。为民国龙泉窑产品。

50 历代龙泉青瓷双鱼纹

南宋双鱼纹瓷片。

元代双鱼纹瓷片。

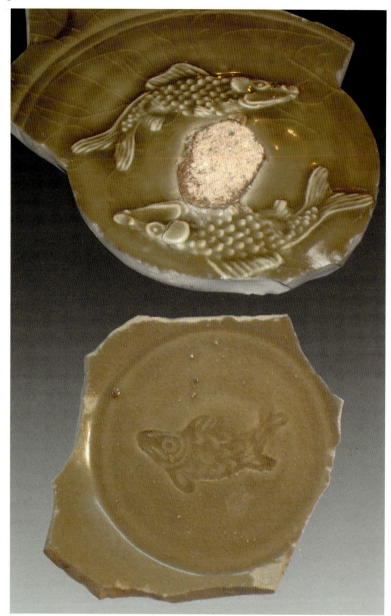

明代双鱼纹瓷片。

明代双鱼纹瓷片。

鱼纹是我国传统装饰中的典型纹饰之一,流传甚广。龙泉窑自北宋开始采用鱼纹装饰,主要技法是刻划。南宋中期以后由于龙泉青瓷大量施用厚釉,釉下刻划鱼纹已不可能,鱼纹装饰遂以堆贴为主,通过立体凸凹的层次和形体变化来刻画鱼纹。著名的龙泉双鱼洗就是将模制的两条鲤鱼堆贴于洗的内底,两条鲤鱼上下各一,首尾相对。元代鱼纹除了继承南宋时期堆贴鱼纹装饰外,还创造了一种新的装饰技法露胎贴花,图案除了鲤鱼之外,还有草鱼等其他鱼类。明清时期龙泉窑产品鱼纹减少,仅见一些鲤鱼纹。堆贴双鱼纹比宋元时期写实,不如宋元时期饱满,模印鱼纹纹路浅淡,细部刻画简略,不如前者精致。

主要参考文献

1. [唐]杨倞注、耿芸标校：《荀子》，上海古籍出版社1996年版。
2. [元]陶宗仪撰：《南村辍耕录》，辽宁教育出版社1998年版。
3. [明]郎英撰：《七修类稿》，上海书店出版社2009年版。
4. [明]宋应星著：《天工开物》，江苏古籍出版社2002年版。
5. [明]陆容撰：《菽园杂记》，中华书局1985年版。
6. 戴吾山编著：《考工记图说》，山东画报出版社2003年版。
7. [民国]徐渊若著：《哥窑与弟窑》，百通（香港）出版社2001年版。
8. 熊寥、熊微编著：《中国陶瓷古籍集成》，上海文化出版社2006年版。
9. 冯先铭著：《中国陶瓷》，上海古籍出版社2001年版。
10. 中国硅酸盐学会编：《中国陶瓷史》，文物出版社1982年版。
11. [法]蓝克利（Christian Lamouroux）主编：《中国近现代行业文化研究——技艺和专业知识的传承与功能》，国家图书馆出版社2010年版。
12. 陈万里著：《陈万里陶瓷研究与鉴定》，紫禁城出版社2008年版。
13. 浙江省博物馆编：《青瓷风韵——永恒的千峰翠色》，浙江人民美术出版社1999年版。
14. 石少华著：《龙泉青瓷赏析》，学苑出版社2005年版。
15. 龙泉市广播电视台 电视纪录片：《青瓷之光》，2007年11月
16. 王光尧著：《明代官廷陶瓷史》，紫禁城出版社2010年版、
17. 薛晓源、曹荣湘主编：《全球化与文化资本》，社会科学文献出版社2005年版。
18. 包亚明著：《布迪厄访谈录——文化资本与社会炼金术》，上海人民出版社1997年版。
19. 王洪伟著：《传统文化隐喻——禹州神垕钧瓷文化产业现代性转型的社会学研究》，中州古籍出版社2011年版。
20. [英]弗雷德·英格利斯著，韩启群等译：《文化》，南京大学出版社2008年版。
21. 刘方著：《宋型文化与宋代美学精神》，巴蜀书社2004年版。

后 记

宋代是中国瓷器全面发展时期,不仅出现了五大名窑,并且还出现了龙泉窑、耀州窑、磁州窑、建窑、吉州窑等几可与五大名窑比肩的著名民窑。作为出产青瓷的龙泉窑居然在以青瓷为主流瓷品的时代,可与汝官窑、钧官窑、南宋官窑相媲美,而且后世几乎烧造不缀,其产量之大,世界影响之广,都是这些官窑不能与之相比的,可以这样说,是龙泉窑让普通中国人、让世界认识了青瓷,这不仅令人肃然起敬,更使人关注这一特殊的文化现象,以及其在当代文化产业开发中具有的作用。

从2004年起,笔者多次赴龙泉窑考察遗址和文化产业现状,留下了诸多文字记录,这次借华东政法大学人文学院文化产业创新人才培养基地实训项目,使自己有机会从龙泉窑遗址的角度,再次对其时代背景、瓷业经济与社会、文化形态、审美趣味以及当代文化产业开发等各方面进行研究梳理,研究的范围和方法也有了进一步的拓展,以期对龙泉窑具有的特殊历史文化现象有更深入的认识。

在笔者对龙泉窑遗址考察和研究中,有幸得到河南龙门博物馆上海办事处主任李剑敏先生的密切合作与倾力相助;我的学生杨寒桥收集了不少研究材料,并撰写了此书大部分章节的初稿。在此表示衷心的感谢!

由于笔者水平有限,本书不当之处,敬请读者、方家批评指正。

马 骋

2011年8月8日于沪上"马骋美术"